Mikhaïl Boulgakov

Tous les lecteurs, à l'instar des biographes, de ce grand auteur russe (Kiev 1891 - Moscou 1940) s'accordent sur le fait que sa vie fut un condensé de l'horreur qu'a pu représenter pour tout créateur le régime soviétique. Sans doute parce que, avec ses livres les plus connus, *Le Maître et Marguerite* et *La Garde blanche*, Boulgakov est apparu comme l'un des deux ou trois génies littéraires qui ont surgi durant le régime stalinien. Et l'un de ceux qui, avec un Babel ou un Mandelstam, ont eu le plus à en souffrir. Sachant s'exprimer dans divers registres (et notamment au théâtre), il a pu faire preuve chaque fois d'un extraordinaire sens de la satire et parfois de la farce (voir la nouvelle « Cœur de chien ») que les conditions de son existence, pourtant terriblement précaires, rendent d'autant plus méritoires ! Ce « roman théâtral » largement autobiographique en porte témoignage.

le roman théâtral

mikhaïl
boulgakov

le roman théâtral

traduit du russe et préfacé
par claude ligny

bibliothèque pavillons
robert laffont

Titre original : TEATRÁNIJ ROMÁN

ISBN : 2-221-10378-5

Préface

La publication du *Roman théâtral* de Boulgakov dans le numéro d'août 1965 de la revue *Novy Mir* est l'un des plus importants événements de la vie littéraire actuelle de Moscou.

D'abord parce que ce roman, écrit en 1937 – l'année qui précéda la mort de son auteur – et retrouvé plus tard dans les archives de Boulgakov, ne fut jamais publié. Or, c'est sans doute une des œuvres maîtresses du plus doué des auteurs dramatiques russes contemporains.

Ensuite parce que Boulgakov fut lui-même un événement dans la littérature soviétique – au même titre que Mandelstam, Oliécha, Pasternak et Soljénitsyn.

Michel Athanasiévitch Boulgakov, né en 1891, auteur de deux romans, une nouvelle et quelque quarante pièces, fut toujours un solitaire. Il publia sa première œuvre – un roman, *La Garde blanche* – en 1924, l'année de la mort de Lénine, et il mourut – se laissa mourir ? – à Moscou en 1938, à une époque où la terreur stalinienne avait établi « sur toutes choses son empire illimité ». En ces quatorze années, il se battit pour s'exprimer, en proie à une préoccupation unique : faire vivre – dans un livre ou mieux encore sur le théâtre – les images, les scènes, les personnages qui se pressaient en lui. Souvent malade, souvent dans la misère, mais écrivain ardent, pont merveilleux entre le monde perçu par lui et le monde recréé par lui, il ne s'aligna jamais, ne fut membre d'aucun groupe, union ou association, ne parut jamais à ces manifestations officielles par lesquelles l'État aime toujours à se faire passer pour dispensateur de culture. Aussi fut-il lentement – mais inexorablement – broyé par cette machine politique et bureaucratique qui combla d'honneurs et de richesses les médiocres et les escrocs, et ne laissa survivre, parmi les autres, que les « habiles » – comme Ehrenbourg – ou quelques « épargnés par miracle » – comme Pasternak.

La vie de Boulgakov, nul mieux que Boulgakov lui-même ne saurait nous la faire revivre. Il suffit donc de lire *Le Roman théâtral* pour comprendre – et avec quelle profondeur ! – ce que fut cet homme et ce que fut le monde dans lequel il vécut. Les précisions biographiques que nous donnons ci-dessous n'ont donc d'autre but que d'aider à cette compréhension, en permettant de confronter les détails de la vie inachevée de Maksoudov avec ceux de la vie de Boulgakov, et peut-être de faire sentir à travers cette confrontation – pour autant que la traduction le permette – quel artiste était Boulgakov.

Les années 1921-1922 sont, en Russie soviétique, celles de la NEP – Nouvelle Politique Économique. Le « Communisme de guerre » s'est montré incapable de ravitailler les villes et, devant la famine et la révolte qui grondent, le gouvernement lance un appel à l'initiative privée par un retour au libéralisme économique. Par la force des choses, ce libéralisme s'étend rapidement à tous les domaines. C'est ainsi que le 12 décembre 1921, un décret du Conseil des Commissaires du Peuple autorise les maisons d'édition privées – tout en les prévenant qu'elles n'auront droit, à la différence des éditions d'État, à aucune subvention.

À Petrograd, en mars 1922, un éditeur privé du nom de Frenkel, à la fois homme d'affaires compétent et lecteur avisé, lance une revue, *Nouvelle Russie*, dont le rédacteur en chef est I. Lejnev, et qui se présente dans son éditorial comme la « première revue sans parti ». Deux numéros voient le jour, puis la revue est interdite.

Le 17 avril 1924, Frenkel et Lejnev font paraître, toujours à Petrograd, le premier numéro d'une nouvelle revue, intitulée cette fois *Russie*. Cette deuxième tentative sera plus heureuse que la première, puisque ce n'est qu'en 1925 que *Russie* sera interdite. Signalons d'ailleurs que Frenkel et Lejnev ont fait une troisième tentative en janvier 1926, avec la nouvelle *Nouvelle Russie*, dont trois numéros seulement pourront paraître. Après quoi, on n'entendra plus parler de Frenkel et Lejnev.

En 1924 cependant, *Russie* a eu le temps de publier entre autres : *Vêtus de pierre*, d'Olga Forsch, *L'Amour de Jeanne Ney*, d'Ilya Ehrenbourg, des textes d'Alexandre Grine et de Boris Pilniak, et *La Garde blanche*, de Boulgakov.

La Garde blanche fait peu de bruit. Fin 1924 ou début 1925, Boulgakov publie une nouvelle, *Les Œufs fatidiques*. Mais cette fois, les réactions officielles sont vives. En mars 1925, les *Izvestia* critiquent sévèrement Boulgakov, puis à son tour, en décembre de la même année, la revue *Novy Mir* qui paraît depuis un an sous la direction d'Anatole Lounatcharsky. Par une ironie du sort, c'est le même Lounatcharsky qui, depuis 1922, se déchaîne périodiquement contre le théâtre de Meyerhold. Il est certain que – sans le vouloir sans doute, puisqu'il est mort en 1933 – Lounatcharsky, dont le rôle fut plus reluisant en d'autres occasions, a contribué au sort tragique que connut Meyerhold en 1938. Meyerhold, dont on sait qu'il fut tout l'opposé de Stanislavski et de son « système ».

Et c'est Stanislavski, pourtant, qui va révéler à Boulgakov le miracle du théâtre. Le célèbre metteur en scène et directeur du Théâtre d'Art de Moscou a lu

La Garde blanche. Le roman l'a intéressé. Il cherche l'auteur et finit par le découvrir, pauvre et malade, dans un misérable immeuble des faubourgs de Moscou. Il lui demande d'en faire une pièce, qui devient *Les Journées des Tourbine*, dont l'action se situe au temps de la guerre civile.

Et le 5 octobre 1926, sur la scène principale du Théâtre d'Art, a lieu la première des *Tourbine.*

Mais déjà, les ennuis ont commencé. Officiellement, le roman et la pièce sont considérés comme entachés de « mysticisme », d'« idéalisme », de « tendances erronées dans la représentation de la réalité révolutionnaire ». Contraint de plier devant la direction despotique du Théâtre d'Art, qui montre déjà une fâcheuse tendance à se soumettre aux directives du Parti qui formeront plus tard le dogme du « réalisme socialiste », Boulgakov a dû remanier complètement sa pièce.

Mais cela ne suffit pas, et les condamnations pleuvent.

Dès le 11 octobre 1926, une discussion, dans le style habituel de la bureaucratie, est organisée à la Maison de la Presse contre les *Tourbine.* Cependant, la pièce connaît un succès grandissant. Le 31 décembre, dans les *Izvestia*, Lounatcharsky oppose aux *Tourbine* la nouvelle pièce d'un certain Tréniov, *Un amour printanier*, dont le personnage principal est une héroïne bolchevique. Cette pièce, écrit Lounatcharsky,

« est une nette réponse aux *Tourbine*[1] ». Le 7 février 1927, nouvelle condamnation au cours d'une réunion organisée au théâtre de Meyerhold. Le « rapport » est présenté par Lounatcharsky.

Mais tout cela, encore, n'est pas très grave, et une comédie de Boulgakov, *L'Appartement de Zoïa*, est même jouée avec un succès considérable au théâtre de Vakhtangov, au cours de l'année 1927.

C'est du 9 au 13 mai 1924 que l'orage éclate, dans le tourbillon duquel Boulgakov sera emporté avec tous les autres. Le Comité central du Parti communiste (bolchevik) s'est réuni et a décidé de prendre en main la vie théâtrale « contre les influences bourgeoises qui pénètrent dans le travail des théâtres ».

L'atmosphère est devenue telle qu'en août 1927, un groupe d'écrivains de la Russie soviétique s'adresse aux écrivains du monde pour faire connaître les persécutions dont ils sont l'objet. En ce qui concerne Boulgakov, le 24 octobre 1928, la Commission officielle chargée de la surveillance du répertoire des théâtres (le *Glavrepertkom* dans le langage barbare désormais

1. Autre coïncidence ironique : en 1938, Meyerhold est arrêté puis fusillé. Boulgakov meurt, seul et oublié. Stanislavski meurt aussi, mais à soixante-quinze ans, de sa belle mort et comblé d'honneurs. Quant à Tréniov, il ne meurt pas : il reçoit cette même année l'Ordre du Drapeau Rouge du Travail « pour sa haute contribution à l'art dramatique soviétique ».

en usage) interdit sa nouvelle pièce *La Course*, en tant que « montrant un esprit de conciliation à l'égard des « héros » de l'émigration blanche ». De plus, les pièces de Boulgakov sont désormais interdites et ses livres retirés des bibliothèques.

Trois années passent. Comment Boulgakov, rejeté de la vie littéraire et théâtrale, survit-il pendant ces trois ans ? Mal, sans doute, puisqu'en 1931, il se résout par désespoir à la dernière démarche – celle qui vient de réussir à Zamiatine, puisque celui-ci a été autorisé à émigrer – : il écrit à Staline. Dans cette lettre, Boulgakov déclare que sa vie n'a de sens que s'il peut créer. En conséquence, il demande à Staline : soit de faire cesser les persécutions dirigées contre lui, soit de le laisser partir à l'étranger, soit – si les deux premières variantes sont impossibles – de le faire fusiller[1].

Les mois passent, et la lettre reste sans réponse. Et voilà qu'un jour d'hiver, à la fin de l'année 1932, Boulgakov est appelé au téléphone. Elaguine raconte ainsi ce qui s'est passé :

« Boulgakov décroche.

— Mikhaïl Athanassiévitch Boulgakov ?

---

1. Cet épisode de la vie de Boulgakov est raconté dans les souvenirs, publiés en russe à New York en 1952, de Iouri Elaguine, qui a bien connu Boulgakov.

— Oui, c'est moi.

— Ici Staline, prononce lentement une voix de basse au léger accent géorgien.

— Comment ? Qui ? demande Boulgakov effrayé.

— Ici, Staline, Joseph Vissarionovitch. Vous ne me croyez pas ? Vous pensez, sans doute, qu'on vous fait une farce ? Bon. Veuillez raccrocher, et rappeler aussitôt le Kremlin, numéro ***. J'attends votre appel.

« Et la communication fut coupée. Complètement abasourdi, Boulgakov composa le numéro indiqué, et au bout du fil, la même voix se fit entendre :

— Eh bien, maintenant, êtes-vous convaincu que c'est Staline qui vous parle ? J'ai lu votre lettre, et je ferai avec plaisir tout ce que mes modestes moyens me permettront de faire pour vous aider. Premièrement, il n'y aura plus aucune persécution contre vous. J'ai encore une certaine influence (dans la voix perça une légère note d'humour), et grâce à elle, je peux mettre fin à ces persécutions. Deuxièmement, j'ordonnerai demain qu'on vous donne un travail permanent au Théâtre d'Art. Troisièmement, je demanderai à Stanislavski de reprendre votre pièce *Les Journées des Tourbine*. Je pense qu'il ne me refusera pas ce service (de nouveau, Staline eut un léger rire). Ça vous va, comme ça ?...

— Joseph Vissarionovitch ! Comment puis-je...

— Ne me remerciez pas. Ce n'est rien. Je serais content de parler avec vous. Je vous souhaite bonne chance, et succès dans votre nouveau travail. »

C'est donc grâce à Staline – qui aimait, entre deux répressions, jouer les bons pères du peuple – que Boulgakov retrouve au moins la possibilité de vivre. Il est engagé au Théâtre d'Art, où on lui confie divers travaux, y compris ceux de régisseur, assistant de metteur en scène et même acteur. Dès le début de 1933, sa pièce, *Les Journées des Tourbine*, est reprise. Mais elle jure tellement avec l'idéologie officielle qu'il faut une décision spéciale du *Glavrepertkom* pour l'autoriser. Cette décision spécifie d'ailleurs que seul le Théâtre d'Art, à l'exclusion de tout autre, peut la jouer.

En 1934, Boulgakov, fort de la haute protection dont il a cru bénéficier, s'enhardit. Il présente d'autres pièces : *Molière* et *La Course*, au Théâtre d'Art, *Pouchkine*, au théâtre de Vakhtangov. Mais le *Glavrepertkom* interdit formellement leur mise en scène.

Dès lors, c'est la fin. On dit que les cartons de Boulgakov contiennent trente-six pièces qui n'ont jamais été jouées.

En 1937, Boulgakov se met à la rédaction du *Roman théâtral*, dont le titre primitif était *Mémoires d'un mort* – et qu'il ne pourra achever.

Un jour de 1938, on le trouve mort chez lui, à Moscou.

Il était âgé de quarante-sept ans.

Claude LIGNY.

Avant-propos

Je tiens à prévenir le lecteur que je ne suis absolument pour rien dans la rédaction de ces Mémoires, qui me sont d'ailleurs parvenus dans des circonstances étranges et tout à fait pénibles.

Le jour même du suicide de Serguéi Léontiévitch Maksoudov, qui eut lieu à Kiev au printemps de l'année dernière, je reçus de sa part une épaisse enveloppe et une lettre, qu'il avait préparées à mon intention.

L'enveloppe contenait les présents Mémoires. Quant à la lettre, elle était assez surprenante.

Serguéi Léontiévitch déclarait que, sur le point de quitter la vie, il me faisait don de ses Mémoires, à charge pour moi – son seul ami – de les corriger, puis de les publier sous mon nom.

Étrange, mais dernière volonté d'un mort !

Pendant un an, je fis des recherches pour retrouver les parents ou les proches de Serguéi Léontiévitch. En vain. Il n'avait pas menti dans sa dernière lettre : il n'avait personne au monde que moi.

J'acceptai donc cet héritage.

En second lieu, j'informe le lecteur que le suicidé n'a jamais eu de sa vie le moindre rapport ni avec l'art dramatique ni avec le théâtre, et qu'il est toujours resté ce qu'il était : un petit collaborateur du journal *Le Courrier de la Navigation*. Il n'essaya qu'une seule fois de paraître dans le monde des lettres, mais il n'y réussit pas : le roman de Serguéi Léontiévitch ne fut jamais imprimé.

De la sorte, les Mémoires de Maksoudov doivent être considérés comme un produit de son imagination – imagination, hélas ! malade. Serguéi Léontiévitch souffrait d'un mal qui porte un nom extrêmement fâcheux : la *mélancolie*.

Connaissant bien la vie théâtrale de Moscou, je puis témoigner qu'il n'a jamais existé de gens ni de théâtres tels que ceux dont il est question dans l'œuvre du défunt.

Enfin troisièmement : mon seul travail ici a consisté à mettre des titres et à supprimer une épigraphe qui me semblait prétentieuse, inutile et déplaisante.

Cette épigraphe :

« Déchu, morose et solitaire… » etc., était en outre parsemée de signes de ponctuation là où il n'en fallait pas.

Je n'ai pas touché au style de Serguéi Léontiévitch, bien qu'il fût relâché à l'excès. Au reste, que peut-on exiger d'un homme qui, deux jours après avoir mis le point final à ses Mémoires, s'est jeté du pont suspendu de Kiev la tête la première ?

Première partie

1. Le début des événements

Le 29 avril, un orage lava à grande eau les rues de Moscou, l'air devint plus léger et plus doux, et, l'âme un peu apaisée, je ressentis une nouvelle envie de vivre.

Vêtu de mon nouveau costume gris et d'un manteau assez convenable, je marchais dans l'une des rues du centre de la capitale, me dirigeant vers un endroit où je n'étais encore jamais allé. La cause de mon déplacement était une lettre, que je portais dans ma poche, et que je venais de recevoir avec une extrême surprise. Cette lettre disait :

« Très respecté Serguéi Léontiévitch,

« Je désire énormément faire votre connaissance, et aussi vous entretenir secrètement d'une certaine affaire, qui peut présenter pour vous le plus grand intérêt.

« Si vous êtes libre, je serais heureux que vous veniez me voir à l'Annexe Expérimentale du Théâtre Indépendant, mercredi à quatre heures.

« Avec mes salutations.

« X. ILTCHINE. »

La lettre était écrite au crayon sur un papier qui portait, en haut et à gauche, un en-tête ainsi rédigé :

Xavier Borissovitch ILTCHINE
Metteur en scène
Annexe Expérimentale du Théâtre Indépendant.

Je voyais le nom d'Iltchine pour la première fois, et j'ignorais l'existence de l'Annexe Expérimentale. Quant au Théâtre Indépendant, j'en avais entendu parler, je savais qu'il était très connu, mais je n'y étais jamais allé.

Cette lettre m'intéressait prodigieusement, d'autant plus qu'à l'époque, je ne recevais généralement aucune lettre. Il faut dire que je ne suis qu'un petit collaborateur du journal *La Navigation ;* en ce temps-là, j'habitais une chambre triste et délabrée, mais indépendante, au sixième étage d'un immeuble du quartier de la Porte Rouge, impasse Khomoutovski.

Je marchais donc, humant l'air frais et songeant qu'un nouvel orage n'allait pas tarder à éclater ; je me demandais aussi comment Xavier Iltchine avait pu apprendre mon existence, comment il m'avait trouvé, et ce qu'il pouvait bien me vouloir. Mais plus je réfléchissais à cette dernière question, moins je trouvais de réponse satisfaisante, et je finis par m'arrêter à l'idée que cet Iltchine voulait échanger son logement contre le mien.

Naturellement, j'aurais dû lui écrire de venir me voir, puisque c'est lui qui avait besoin de moi, mais je dois avouer que j'avais honte de ma chambre, de ma situation en général, et de mes voisins. Je suis un homme assez bizarre, et j'ai un peu peur des gens. Imaginez Iltchine entrant chez moi et voyant mon divan, avec sa garniture déchirée et un ressort qui pointe, l'abat-jour de papier journal sur l'ampoule pendue au-dessus de la table, et le chat qui se promène partout, tandis que de la cuisine parviennent les criailleries grossières d'Annouchka…

Je poussai une grille de fer forgé et pénétrai dans une cour où, derrière l'étalage d'une misérable échoppe, un vieillard chenu faisait commerce d'insignes et de montures de lunettes.

Je franchis un ruisseau bourbeux, transformé en torrent par l'orage mais maintenant calmé, et je me trouvai devant un immeuble aux murs jaunes qui avait dû être construit, pensai-je, il y a longtemps, bien longtemps, à une époque où ni moi ni Iltchine n'étions de ce monde.

Une plaque noire aux lettres d'or indiquait que c'était bien là l'Annexe Expérimentale. J'entrai, et aussitôt, un homme de petite taille, habillé d'une vareuse à parements verts et le menton orné d'une barbiche, me barra le chemin.

— Qui demandez-vous, citoyen ? dit-il d'un ton soupçonneux en écartant les bras comme s'il voulait attraper une poule.

— J'ai besoin de voir le metteur en scène Iltchine, répondis-je en m'efforçant de prendre un ton sec et hautain.

L'attitude du bonhomme changea instantanément. Il rabattit ses mains sur les coutures de son pantalon et me gratifia d'un sourire faux.

— Xavier Borissytch ? susurra-t-il. Tout de suite, tout de suite. Veuillez me remettre votre excellent pardessus. Pas de caoutchoucs ?

L'homme prit mon manteau avec de telles précautions qu'on eût dit qu'il m'ôtait quelque précieuse chasuble.

Je gravis un escalier à rampe de fer forgé, bordé de bas-reliefs représentant des combattants casqués et armés de glaives redoutables, et de place en place, de bouches de chaleur dont les grilles de cuivre étaient nettoyées jusqu'à avoir l'éclat de l'or.

L'immeuble était silencieux et désert. Seul l'homme aux parements verts me suivait en traînant les pieds. En me retournant, je le surpris en train de me prodiguer sans rien dire toutes sortes de marques d'attention, de dévouement, de respect, d'amour, de joie de m'accueillir. Bien qu'il se tînt derrière moi, il me dirigeait insensiblement vers l'endroit où m'attendait le solitaire et énigmatique Xavier Borissovitch Iltchine.

Mais soudain tout s'assombrit, le reflet blanc et gras des poêles hollandais s'éteignit, les ténèbres enveloppèrent toutes choses, tandis qu'au-dehors retentissaient les grondements du deuxième orage.

Je frappai à une porte, entrai, et dans l'obscurité, distinguai enfin Xavier Borissovitch.

— Maksoudov, dis-je avec dignité.

Quelque part au loin, au-delà des portes de la ville, un éclair déchira le ciel, illuminant Iltchine d'une brève lueur phosphorique.

— Vous voici donc, infiniment aimable Serguéi Léontiévitch ! dit Iltchine avec un sourire matois.

Et sans plus de façon, il me saisit par la taille et m'entraîna vers un divan exactement semblable au mien, avec le même ressort qui pointait au même endroit – en plein milieu.

Aujourd'hui encore, j'ignore la destination de la pièce où eut lieu cette fatale rencontre. Pourquoi ce divan ? Pourquoi ce tas de papiers de musique, éparpillés dans un coin ? Pourquoi, sur l'appui de la fenêtre, cette balance à plateaux ? Et pourquoi Iltchine m'attendait-il dans cette pièce, et non pas, par exemple, dans la salle voisine, au fond de laquelle se dessinaient confusément, dans le crépuscule de l'orage, les contours d'un piano à queue ?

Et c'est accompagné des grondements furieux du tonnerre que Xavier Borissovitch me dit d'une voix lugubre :

— J'ai lu votre roman.

Je tressaillis. C'était donc ça…

2. Un accès de neurasthénie

Le fait est que, occupant le modeste emploi de correcteur à *La Navigation*, je haïssais ce travail, et que, seul la nuit dans ma mansarde – et parfois jusqu'aux premières lueurs de l'aube – j'avais écrit un roman.

Ce roman naquit une nuit où je fus éveillé par un rêve particulièrement triste. Je rêvais de ma ville natale, de la neige, de l'hiver, de la guerre civile... D'abord, j'assistai à une muette tourmente de neige, puis apparut un piano à queue désuet, entouré de personnages qui ne sont plus de ce monde. Dans mon rêve, je fus si profondément affecté par ma solitude que je m'apitoyai sur moi-même, et m'éveillai les larmes aux yeux. J'allumai l'ampoule poussiéreuse pendue au-dessus de ma table. Elle ne fit qu'éclairer ma pauvreté : un encrier à bon marché, quelques livres, un paquet de vieux journaux. J'avais mal au côté gauche à cause du ressort, et le cœur lourd d'angoisse. Je sentais que j'allais mourir là, assis à ma table ; la honteuse peur de la mort me dégrada au point que je me mis à gémir et à regarder tout autour de moi dans un état d'extrême agitation, à la recherche d'un secours.

Et je trouvai ce secours. Mon chat, que j'avais ramassé un jour du côté de la Porte Rouge, miaulait doucement, inquiet. L'instant d'après, il était assis sur mes journaux et me regardait avec ses yeux ronds qui demandaient : que se passe-t-il ? Cette bête efflanquée au poil gris avait évidemment intérêt à ce qu'il ne se passe rien. Qui d'autre, en effet, irait nourrir ce vieux chat ?

— C'est un accès de neurasthénie, expliquai-je à mon chat. Cette maladie s'est installée en moi définitivement, et elle va se développer, et bientôt, elle m'aura rongé complètement. Mais en attendant, on peut encore vivre.

Toute la maison dormait. Je regardai par la fenêtre. Dans les cinq étages au-dessous de moi aucune vitre n'était éclairée. Et je m'aperçus que ce n'était pas une maison, mais un immense bateau à plusieurs ponts, qui voguait sous le ciel noir et immobile. La pensée de ce mouvement me plut. Je me calmai, le chat se calma aussi, et ferma les yeux.

C'est ainsi que je commençai à écrire mon roman. Je décrivis d'abord la tempête de neige silencieuse de mon rêve. Je m'efforçai de rendre le reflet terni du piano à queue sous la lampe à abat-jour. Cela venait mal, mais je m'obstinai.

Dans la journée je n'avais qu'une préoccupation : user le moins de forces possible à mon travail d'esclave. J'accomplissais celui-ci mécaniquement, afin qu'il ne vînt pas se mêler à mes pensées et à mes rêves. Je saisissais toutes les occasions de m'absenter, sous prétexte de maladie. Naturellement, on ne me croyait pas, et cela rendait ma vie pénible. Mais je supportai tout sans rien dire et je m'y habituai peu à peu. Comme le jeune homme impatient qui attend l'heure de son rendez-vous, j'attendais la nuit. À cette heure-là, le calme revenait peu à peu dans ce maudit logement. Je m'asseyais à ma table. Curieux de nature, le chat venait s'installer sur les journaux, mais le roman l'intéressait par-dessus tout, et il cherchait avec obstination à venir s'asseoir sur la feuille où j'écrivais. Je le prenais alors par la peau du cou et je le remettais à sa place.

Une nuit, comme je relevais la tête, je restai frappé d'étonnement. Mon vaisseau avait cessé de voguer, la maison avait pris sa place, et il faisait tout à fait clair. La lampe n'éclairait plus rien, et elle avait pris un aspect incongru et laid. Je l'éteignis, et mon affreuse chambre m'apparut tout entière dans le jour naissant. En bas, sur l'asphalte de la cour, des chats de diverses couleurs marchaient d'un pas silencieux et furtif. Sur la feuille de papier, devant moi, on pouvait lire chaque lettre sans le secours d'aucune lumière.

— Mon Dieu ! on est en avril ! m'écriai-je, effrayé sans savoir pourquoi.

Et en grosses lettres, je traçai le mot « Fin ».

Fin de l'hiver, fin des tempêtes de neige, fin du froid. Au cours de l'hiver j'avais perdu de vue les rares personnes que je connaissais, usé mes vêtements jusqu'à la trame, attrapé un rhumatisme, et j'étais devenu quelque peu sauvage. Mais je m'étais rasé tous les jours.

En pensant à tout cela, je mis le chat dans la cour, puis je remontai chez moi où je m'endormis – pour la première fois, semble-t-il, de tout l'hiver – d'un sommeil sans rêve.

Il me restait à faire un long travail de correction. De nombreux passages du roman devaient être simplement supprimés, et il fallait changer des centaines de mots. Travail énorme, mais indispensable !

Cependant, après avoir corrigé les six premières pages, je cédai à la tentation de voir des gens. J'invitai plusieurs personnes, parmi lesquelles deux journalistes de *La Navigation* – des pigistes comme moi – leurs femmes, et deux hommes de lettres. L'un d'eux, un jeune, m'étonnait par son incomparable habileté à écrire des histoires courtes. L'autre, un homme d'âge mûr qui avait l'air d'en savoir long sur bien des choses, se révéla, quand je le connus mieux, une immonde crapule. Au cours de la soirée, je pus lire à peu près le quart de mon roman.

Cette lecture fit tomber les deux femmes dans une torpeur telle que je commençai à éprouver des remords de conscience. Mais les journalistes, et les deux écrivains se montrèrent plus résistants. Ils firent preuve dans leurs jugements d'une sincérité toute confraternelle : ils furent sévères mais justes, comme je m'en rends compte maintenant.

— La langue ! vociféra l'écrivain d'âge mûr. La langue ! C'est l'essentiel ! Votre langue ne vaut rien !

Ayant dit, il but un grand verre de vodka, par-dessus lequel il avala une sardine. Je lui versai aussitôt un deuxième verre, qu'il vida en l'accompagnant d'une rondelle de saucisson.

— La métaphore ! lança-t-il après avoir avalé.

— Oui, approuva le jeune écrivain avec courtoisie, la langue est un peu pauvre.

Les journalistes ne dirent rien, mais hochèrent la tête avec sympathie et burent un coup. Les dames ne hochèrent pas la tête, gardèrent le silence et, ayant refusé nettement le porto que j'avais acheté spécialement pour elles, burent de la vodka.

— Et comment pourrait-elle ne pas être pauvre ! s'exclama l'écrivain d'âge mûr. La littérature n'est pas un chien, je vous prie de le noter ! Sans elle, la vie est nue ! Nue ! Rappelez-vous ça, mon petit vieux !

Le « petit vieux », selon toute évidence, c'était moi. J'accueillis froidement cette familiarité.

En se séparant, on convint de se réunir de nouveau chez moi. Une semaine plus tard, ils étaient tous là, et je lus une nouvelle portion de mon œuvre. La soirée fut marquée par le fait que, de façon tout à fait inattendue et en dépit de ma propre volonté, l'écrivain d'âge mûr entreprit de boire avec moi le verre de la *Bruderschaft* et se mit, tout fraternellement, à me donner du « Léontytch ».

— Ta langue ne vaut pas un clou ! braillait-il en se bourrant de galantine préparée par ma voisine Doussia. Pas un clou ! Mais c'est épatant ! Épatant ! Que le diable t'emporte !

À la troisième soirée, un nouveau convive apparut. Écrivain lui aussi, il avait un visage revêche et méphistophélique, louchant de l'œil gauche et mal rasé. Il déclara que le roman était mauvais, mais exprima le désir d'entendre la quatrième et dernière partie. Vinrent également une femme divorcée et un individu qui portait une guitare dans un étui. Je tirai de cette soirée des leçons fort utiles. Mes modestes camarades de *La Navigation*, qui s'habituaient à cette société de plus en plus nombreuse, exprimèrent eux aussi leur opinion.

L'un dit que le chapitre XVII était trop long, et l'autre, que le personnage de Vassienka manquait de relief. Tout cela était fort juste.

La dernière lecture n'eut pas lieu chez moi, mais chez le jeune écrivain passé maître dans l'art de la nouvelle. La société atteignait maintenant une vingtaine de personnes. Je fus présenté à la grand-mère du jeune écrivain, vieille dame qui m'eût paru charmante si son visage n'avait été gâté par une expression de frayeur qui, je ne sais pourquoi, ne la quitta pas de la soirée. J'aperçus aussi une vieille nourrice, qui dormait sur un coffre.

Quand le roman fut terminé, la catastrophe éclata. Tous les auditeurs affirmèrent d'une seule voix que mon roman ne serait jamais publié, pour la simple raison qu'il serait refusé par la censure.

C'était pour moi une nouvelle, et je m'aperçus qu'en écrivant, je n'avais pas songé un instant à la question de la censure.

Ce fut une de ces dames qui commença. (J'appris plus tard qu'elle était, elle aussi, divorcée.)

— Mais dites-moi, Maksoudov, dit-elle, croyez-vous que votre roman sera accepté ?

— Nan-nan-nan ! s'exclama l'écrivain d'âge mûr. En aucun cas ! Pas question ! Inutile même de l'espérer ! Pas besoin de te casser la tête, mon petit vieux : ton roman sera refusé.

— ... sera refusé ! répondit en chœur le bas-bout de la table.

— La langue... commença le frère du guitariste, mais l'écrivain d'âge mûr lui coupa la parole.

— Au diable la langue ! vociféra-t-il en emplissant son assiette de salade. La question n'est pas là. Mon petit vieux, tu as écrit un roman détestable, mais épatant ! Sacré coquin ! Tu as un don d'observation ! Où as-tu pris ça, hein ? C'est à ne pas croire ! Mais... le contenu !

— M... oui, le contenu...

— Justement ! Le contenu ! cria l'écrivain d'âge mûr, ce qui troubla le sommeil de la nourrice. Tu sais ce qu'il faut... Tu ne sais pas ? Ha ! ha ! Voilà !

Il me lança un clin d'œil, tout en buvant. Puis soudain, il me saisit et m'embrassa, en s'écriant :

— Ah ! crois-moi ! Il y a en toi quelque chose de vraiment antipathique ! D'ailleurs, tu le sais bien ! Mais je t'aime. Je t'aime, que je meure à l'instant si ce n'est pas vrai. C'est un malin, ce vieux coquin, il fait ses petits coups en dessous ! Eh quoi ? Avez-vous bien fait attention au chapitre IV ? Ce qu'il dit à son héroïne, hein ? Voilà !

— Premièrement, qu'est-ce que c'est que cette façon de parler… commençai-je, incapable de supporter cette familiarité.

— Embrasse-moi d'abord ! tonitrua-t-il. Tu ne veux pas ? Ha ! Ha ! On voit bien quel camarade tu es ! Non, frère, tu n'es pas un homme simple !

— Certainement, ce n'est pas un homme simple, approuva la seconde femme divorcée.

— Premièrement… commençai-je de nouveau, étouffant de colère. Mais je ne pus rien dire de plus.

— Pas de « premièrement » qui tienne ! clama l'écrivain d'âge mûr. Tu es un mauvais Dostoïevski ! Oui, monsieur ! Bon, d'accord, tu ne m'aimes pas, que Dieu te pardonne pour cela, je ne t'en veux pas. Mais tous, nous t'aimons sincèrement, et nous te voulons du bien ! (Ce disant, il se tourna vers le frère du guitariste et vers un autre homme au visage rougeaud, inconnu de moi, qui était arrivé en retard, parce que, nous dit-il pour s'excuser, il était aux Bains du

Centre.) Et je vais te dire une chose en toute franchise, poursuivit l'écrivain d'âge mûr, parce que j'ai l'habitude de dire aux gens leurs quatre vérités : tiens-toi à carreau, Léontytch, ne montre ce roman à personne. Tu t'attirerais de graves ennuis, et songe à la peine que nous aurions, nous, tes amis, à la pensée de tes malheurs ! Crois-moi ! J'ai une vaste, une amère expérience, je connais la vie ! Mais voyez, s'écria-t-il d'un air outragé en prenant tout le monde à témoin, voyez donc avec quel œil mauvais il me regarde ! Nous ne lui voulons que du bien, et voilà toute sa reconnaissance ! Léontytch ! glapit-il avec une voix si perçante que la nourrice, derrière le rideau, se dressa sur son coffre. Rends-toi compte ! Rends-toi compte que même du point de vue purement littéraire (ici, un mol accord de guitare résonna du côté du divan), ton roman ne mérite pas que tu montes au Golgotha. Rends-toi compte !

— R-rends-toi compte, rends-toi compte !... modula le guitariste d'une agréable voix de ténor.

— Maintenant, écoute-moi bien ! cria l'écrivain d'âge mûr. Si tu ne m'embrasses pas à l'instant même, je me lève, je quitte l'aimable compagnie, et je m'en vais – car tu m'as offensé !

Avec un inexprimable dégoût, je l'embrassai. En même temps, le chœur se déchaînait en une symphonie triomphante où couraient les modulations sucrées et caressantes du ténor :

— Rends-toi compte, rends-toi compte, rends-toi compte…

Furtivement, comme un chat pris en faute, je réussis à me glisser hors de l'appartement, le lourd manuscrit sous mon bras.

En passant devant la cuisine, j'aperçus la nourrice penchée sur l'évier, les yeux rouges et larmoyants, en train de boire de l'eau au robinet.

Sans pouvoir m'expliquer pourquoi, je lui tendis un rouble.

— Fichez-moi la paix ! cria-t-elle d'une voix chargée de haine, en repoussant ma main. Il est quatre heures du matin ! Ah ! misère ! C'est une malédiction de voir ça !

À ce moment, le chœur, là-bas, fut interrompu par la voix criarde que je connaissais trop bien :

— Mais où est-il ? Il est parti ? Rattrapez-le donc ! Ah ! vous voyez, camarades !…

Mais déjà la porte capitonnée de toile cirée se refermait derrière moi, et je m'en fus sans me retourner.

3. Mon suicide

— Quelle horreur ! m'écriai-je une fois seul dans ma chambre. Tout cela est horrible. Et cette assiette pleine de salade, et cette nourrice, et ce vieil écrivain, et cette litanie (« Rends-toi compte… »). Et toute ma vie…

Derrière la fenêtre se lamentait le vent d'automne, une feuille de tôle arrachée quelque part volait et retombait avec fracas, tandis que la pluie rayait les vitres de traînées brillantes. La soirée avec la nourrice et la guitare fut suivie d'événements si affreux qu'il m'est pénible de les décrire. Tout d'abord, je voulus relire mon roman en me plaçant du point de vue de la censure. Il fut tout de suite évident qu'il n'avait aucune chance d'être publié. L'écrivain d'âge mûr avait entièrement raison, et il me sembla que chaque ligne du roman le proclamait.

Après cela, je dépensai mes derniers roubles à faire taper deux extraits du roman, que je portai à la rédaction d'une grosse revue. Quinze jours plus tard, ils m'étaient retournés avec la mention « non publiable », écrite à la main dans un coin de la première page. Je découpai cette inscription avec des ciseaux à ongles, puis je portai les deux textes à une autre grosse revue. Quinze jours plus tard, ils me revenaient avec la même mention : « non publiable. »

Et là-dessus, mon chat mourut. Il cessa d'abord de manger, se tapit dans un coin de la chambre et se mit à miauler interminablement, jusqu'à provoquer en moi une fureur démente. Cela dura trois jours. Au matin du quatrième, je le trouvai dans le même coin, couché sur le flanc, raide.

J'empruntai une pelle au portier et j'enterrai le chat dans le terrain vague, derrière la maison. J'étais désormais complètement seul, et j'avoue qu'au fond de mon âme, je m'en réjouissais. Ce malheureux animal avait été un véritable fardeau pour moi !

Ensuite, la pluie cessa, et j'eus de nouveau des douleurs à l'épaule et au genou gauches.

Mais tout cela n'était pas le pire. Le pire, c'est que mon roman était mauvais. Et si mon roman était mauvais, cela signifiait que ma vie était finie.

Passer toute mon existence à *La Navigation* ? Risible !

Et chaque nuit, je restais étendu, les yeux grands ouverts dans les ténèbres sans fond, à me répéter : « Quelle horreur ! » Si l'on m'avait demandé : « Quels souvenirs avez-vous gardés du temps que vous travailliez à *La Navigation* ? », j'aurais répondu avec la conscience la plus tranquille : « Aucun. »

Ou plutôt : un portemanteau entouré de caoutchoucs boueux, et, accroché à une patère, un bonnet de fourrure à longues oreilles, trempé de pluie – et rien d'autre.

— Quelle horreur ! répétais-je, en écoutant le silence nocturne bourdonner à mes oreilles.

Les conséquences de cette insomnie se révélèrent deux semaines plus tard.

Je pris le tramway de la Sadovaïa, pour me rendre à une adresse sur laquelle, naturellement, je garderai le plus absolu secret : là vivait un homme qui, du fait de ses occupations particulières, avait le droit de posséder des armes. (Peu importe ici dans quelles circonstances j'avais fait sa connaissance.)

En entrant chez lui, je le trouvai allongé sur un divan. Un peu plus tard, tandis qu'il était occupé dans la cuisine à faire réchauffer du thé sur un réchaud à gaz, j'ouvris le tiroir gauche de son bureau et m'emparai d'un automatique que je cachai sur moi. Puis je bus son thé, et m'en allai.

Il était environ neuf heures du soir. J'arrivai chez moi, où rien n'avait changé. Comme toujours, la cuisine répandait une odeur de mouton rôti, tandis que le couloir était noyé dans une éternelle vapeur, à laquelle j'étais depuis longtemps accoutumé, et où luisait faiblement une misérable ampoule pendue au plafond. J'entrai dans ma chambre. Comme je tournais le bouton, la lumière jaillit, mais presque aussitôt, la chambre fut plongée dans l'obscurité. La lampe était grillée.

— Eh bien, tout va ensemble, c'est parfait, dis-je sombrement.

Par terre, dans le coin de la pièce, j'allumai une lampe à pétrole. Puis je pris une feuille de papier sur laquelle j'écrivis : « Je déclare par la présente que le pistolet automatique n° tant, de tel type, a été volé par moi à Parphène Ivanovitch… » (j'écrivis son nom de famille, son adresse complète, enfin tout ce qu'il fallait). Je signai, puis je m'allongeai sur le plancher, près de la lampe à pétrole. Et la peur de la mort s'empara de moi. Mourir est affreux. J'imaginai le couloir, les côtelettes de mouton et la vieille Pélagie, l'écrivain d'âge mûr et *La Navigation*, puis je m'égayai un peu à l'idée de gens en train d'enfoncer ma porte à grand fracas, et cætera…

Je posai le canon sur ma tempe, et cherchai la détente d'un doigt tremblant. À ce moment me parvint des étages inférieurs un bruit familier : le son criard d'un orchestre transmis par un phonographe enroué, puis la voix aiguë d'un ténor qui chantait :

Mais Dieu me rendra-t-il tout ce que j'ai perdu ?

« Mes aïeux ! m'écriai-je intérieurement. *Faust !* Vraiment, le moment ne pouvait être mieux choisi ! Bon, je vais attendre jusqu'à l'apparition de Méphistophélès.

Pour la dernière fois. Après, je ne l'entendrai plus jamais. »

Tantôt les sons de l'orchestre diminuaient jusqu'au silence, tantôt ils augmentaient jusqu'au vacarme, mais le ténor chantait d'une voix de plus en plus puissante :

Oui, je maudis la vie, la foi et le savoir !...

« Voilà, c'est maintenant, pensai-je, mais comme il chante vite !... »

Le ténor jeta un cri de désespoir, et l'orchestre gronda.

Mon doigt tremblant était appuyé sur la détente. En cet instant, le grondement de l'orchestre m'assourdit, le cœur me manqua, je crus voir les flammes de la lampe monter jusqu'au plafond, et je lâchai le pistolet.

Un nouveau roulement de tonnerre. Puis une voix de basse épouvantable monta vers moi :

— *Me voici !*

Et je me tournai vers la porte.

4. L'épée sur la gorge

On avait frappé. Avec autorité et insistance. Je fourrai le pistolet dans la poche de mon pantalon, et criai faiblement :

— Entrez !

La porte s'ouvrit toute grande, et, toujours allongé sur le plancher, je frissonnai de terreur. Aucun doute n'était possible, c'était lui. Dans l'ombre, bien au-dessus de moi, je vis apparaître un visage au nez dominateur et aux sourcils effroyablement relevés. Dans le crépuscule changeant et mystérieux, je crus distinguer, sous le menton carré, la pointe triangulaire d'une barbe noire. Le personnage portait une sorte de béret, cavalièrement posé sur l'oreille. Il est vrai qu'il n'avait pas de plume. En un mot, devant moi se tenait Méphistophélès.

Cependant, comme je l'examinais de plus près, je vis qu'il était vêtu d'un pardessus ordinaire et que ses souliers étaient protégés par de vastes caoutchoucs, noirs et brillants. De plus, il tenait sous son bras un porte-documents. « Naturellement, pensai-je, il ne peut pas se promener autrement, dans les rues de Moscou au vingtième siècle. »

— Rudolfi, prononça la diabolique apparition, mais d'une voix de ténor et non de basse.

Il aurait pu, d'ailleurs, ne pas se présenter. Je l'avais reconnu. J'avais devant moi l'un des personnages les plus célèbres et les plus étonnants du monde littéraire de cette époque : le rédacteur et éditeur de *La Patrie*, l'unique revue non officielle qui parût encore, Ilya Ivanovitch Rudolfi.

Je me relevai.

— Ne peut-on allumer la lampe ? demanda Rudolfi.

— Malheureusement, cela m'est impossible, répondis-je, car l'ampoule est grillée et je n'en ai pas d'autre.

Aussitôt, le diable, qui avait pris les traits de Rudolfi, accomplit un de ses tours les plus simples : sous mes yeux, il tira de son porte-documents une ampoule électrique.

— Vous emportez toujours des lampes avec vous ? demandai-je, étonné.

— Non, dit-il sévèrement, c'est une pure coïncidence, je viens de passer au magasin.

Quand la chambre fut de nouveau éclairée et que Rudolfi eut enlevé son manteau, je vis sur la table la feuille de papier où j'avais avoué le vol du pistolet. Je la fis disparaître promptement, et l'incarnation du diable fit semblant de n'avoir rien vu.

Nous nous assîmes.

Il y eut un long silence.

— Vous avez écrit un roman ? demanda enfin Rudolfi d'un ton sévère.

— Comment le savez-vous ?

— C'est Likospastov qui me l'a dit.

— Euh… voyez-vous…, dis-je (Likospastov, c'était l'écrivain d'âge mûr), c'est exact, je… mais… bref, c'est un très mauvais roman.

— Bon, dit l'apparition, en me regardant attentivement.

À ce moment je m'aperçus qu'il n'avait pas du tout de barbe. L'ombre s'était moquée de moi.

— Montrez-le-moi, ordonna Rudolfi.

— Sûrement pas, dis-je.

— Montrez-le-moi, insista Rudolfi.

— Il est impubliable, et…

— Montrez-le-moi.

— Vous comprenez, c'est un manuscrit, et j'ai une écriture illisible. Mes « o », par exemple, ressemblent tout à fait à des bâtons, et je…

Mais soudain, je m'aperçus que, sans le vouloir, ma main avait ouvert le tiroir où était rangé mon malencontreux chef-d'œuvre.

— Je déchiffre n'importe quelle écriture aussi aisément qu'on lit une page imprimée, m'expliqua Rudolfi. C'est professionnel.

Et mes cahiers apparurent dans ses mains.

Une heure passa. J'étais assis près de la lampe à pétrole, sur laquelle je faisais chauffer de l'eau, pendant que Rudolfi lisait le roman. De nombreuses pensées tournaient dans ma tête. Je pensais d'abord à Rudolfi. Il faut dire que Rudolfi était un rédacteur justement réputé, et qu'être publié dans sa revue était un honneur des plus agréables. Je devais donc me réjouir de l'avoir vu apparaître chez moi, même si c'était sous l'aspect de Méphistophélès. Mais d'autre part, le roman pouvait ne pas lui plaire, et cela, ce serait ennuyeux... En outre, j'avais le sentiment très net que mon suicide, interrompu à l'endroit le plus intéressant, était désormais impossible, et que, par conséquent, dès demain, j'allais retomber dans mon gouffre de misères. De plus, il fallait offrir le thé, et je n'avais pas de beurre. Bref, c'est une bouillie informe qui tournait dans ma tête, à quoi venait encore se mêler le souci inutile du revolver volé.

Cependant, Rudolfi dévorait page après page, et je m'efforçais en vain de voir quelle impression le roman produisait sur lui. Le visage de Rudolfi restait absolument dépourvu d'expression.

Lorsqu'il s'interrompit pour essuyer ses lunettes, j'en profitai pour ajouter une nouvelle sottise à celles que j'avais déjà dites :

— Et que dit Likospastov de mon roman ?

— Il dit qu'il n'a aucun intérêt, répondit froidement Rudolfi en tournant une page.

(« Quel salaud, pensai-je à propos de Likospastov. Au lieu de me soutenir comme un ami et tout ça... »)

À une heure du matin nous bûmes le thé, et à deux heures, Rudolfi achevait de lire la dernière page.

Assis sur le divan, je m'agitai un peu.

— Bon, dit Rudolfi.

Et il se tut.

— Vous imitez Tolstoï ? reprit-il au bout d'un moment.

Je me fâchai.

— Quel Tolstoï ? demandai-je. Il y en a eu plus d'un. Vous voulez dire le poète Alexis Constantinovitch, ou bien Piotr Andréiévitch, qui s'empara à l'étranger du tsarévitch Alexis, ou encore le numismate Ivan Ivanovitch, ou bien Léon Nikolaïévitch ?

— Où avez-vous fait vos études ?

Là, je dois révéler un petit secret. Le fait est que je suis diplômé de deux Facultés, mais que je l'ai toujours caché.

— J'ai seulement suivi une école paroissiale, dis-je en toussotant.

— Ah, vraiment ? dit Rudolfi et un léger sourire passa sur ses lèvres.

Puis il demanda :

— Combien de fois vous rasez-vous par semaine ?

— Sept fois.

— Pardonnez-moi si je suis indiscret, continua Rudolfi, mais comment faites-vous pour avoir une raie aussi parfaite ?

— Je m'enduis la tête de brillantine, dis-je. Mais permettez-moi de vous demander pourquoi toutes ces questions...

— Pour rien, je vous assure, répondit Rudolfi.

Puis il ajouta :

— C'est curieux : vous avez suivi une école paroissiale, vous vous rasez tous les jours, et je vous trouve allongé par terre près d'une lampe à pétrole. Vous êtes un personnage difficile.

Puis, changeant brusquement de ton, il me dit sèchement :

— La censure refusera votre roman, et personne ne le publiera. Les revues n'en voudront pas non plus, ni *L'Aube*, ni *L'Aurore*...

— Ça, je le sais, affirmai-je.

— Et cependant, j'emporte votre roman, dit Rudolfi toujours du même ton sévère. (Mon cœur s'arrêta de battre.) Je vais vous payer tant par page (et il indiqua une somme prodigieusement faible, j'ai oublié combien). Demain je le ferai taper à la machine.

— Mais il a quatre cents pages ! m'écriai-je d'une voix rauque.

— Je vais le partager entre douze dactylos, et elles auront fini demain soir, répondit Rudolfi, glacial.

Je cessai alors de me révolter et décidai d'en passer par où il voulait.

— Les frais de dactylo sont à votre charge, continua Rudolfi et je ne fis que hocher la tête, comme un jouet. Autre chose, ajouta-t-il : il y a trois mots à barrer, page 1, page 71 et page 302.

Je pris les cahiers, et je vis que le premier mot était *apocalypse* le deuxième *archanges*, et le troisième le *diable*. Je les biffai docilement. À vrai dire, j'eus envie de lui faire remarquer que ces suppressions me semblaient un peu naïves, mais après avoir regardé Rudolfi, je m'en abstins.

— Ensuite, continua Rudolfi, vous viendrez avec moi à la censure. Mais quand nous y serons, je vous supplie humblement de ne pas dire un mot.

Cette fois, je me sentis offensé.

— Si vous pensez que je peux dire quelque chose de… commençai-je à marmonner d'un air digne, je… enfin, je peux aussi bien rester chez moi.

Rudolfi n'accorda aucune attention à cette tentative de rébellion et continua :

— Il n'est pas question de rester chez vous, vous viendrez avec moi.

— Bon, mais qu'est-ce que je vais faire là-bas ?

— Vous resterez assis sur une chaise, dit Rudolfi d'un ton sans réplique, et à tout ce qu'on vous dira, vous répondrez par un sourire respectueux…

— Mais…

— Et c'est moi qui parlerai, acheva Rudolfi.

Après quoi il me demanda une feuille de papier blanc, sur laquelle il écrivit au crayon quelque chose qui, je m'en souviens, comportait plusieurs paragraphes.

Il signa et me fit signer à mon tour. Puis il tira de sa poche deux billets de banque qu'il fit crisser dans ses doigts, rangea mes cahiers dans son porte-documents, et disparut.

Je ne pus dormir cette nuit-là. Je me promenai dans la chambre, examinai les billets à la lumière, bus du thé froid et vis en imagination l'étalage des librairies. Une foule nombreuse y entrait pour demander le numéro de la revue. Puis je vis des gens assis le soir sous la lampe en train de lire mon roman, parfois à haute voix.

Mon Dieu ! comme tout cela est stupide, quelle bêtise ! Mais j'étais relativement jeune à ce moment-là, et il ne faut pas rire de moi.

5. Étranges événements

Voler une chose n'est pas difficile. Le hic, c'est de la remettre en place. Emportant dans ma poche le revolver avec son étui, je me rendis chez mon ami.

J'eus un pincement au cœur quand j'entendis ses cris à travers le porte.

— Maman ! Et qui encore ?

La voix cassée d'une vieille femme – c'était sa mère – répondit :

— Le plombier…

— Que se passe-t-il ? demandai-je en enlevant mon manteau.

Mon ami s'assura que nous étions seuls, et me dit à voix basse :

— Des voisins m'ont fauché un revolver, les salauds !

— Aïe-aïe-aïe ! dis-je.

La vieille ne cessait d'aller et venir dans le petit appartement, se mettant à quatre pattes dans le couloir, fouillant dans les corbeilles à papiers et je ne sais où.

— Maman ! Cesse donc de te traîner par terre comme ça, c'est idiot !

— Et c'est arrivé aujourd'hui ? demandai-je avec un joyeux soulagement. (Il se trompait : son pistolet avait disparu hier, mais – je ne sais pourquoi – il semblait persuadé qu'il l'avait encore vu hier soir sur la table.)

— Qui est venu chez vous ?

— Le plombier ! cria mon ami.

— Parphècha, tu sais bien qu'il n'est pas entré dans ton bureau, dit timidement sa mère. Il est allé directement au robinet.

— Écoute, maman !...

— Et il n'y a eu personne d'autre ? Et hier, qui est venu ?

— Hier ? Personne ! À part vous !

Et soudain, mon ami me regarda avec des yeux ronds.

— Ah ! Je vous en prie ! dis-je avec dignité.

— Bon Dieu ! Que vous êtes susceptibles, vous autres intellectuels ! s'écria-t-il. Je ne vous soupçonne pas, voyons !

Il voulut alors aller voir le robinet que le plombier était venu réparer. En même temps, sa mère imitait les gestes du plombier, et même sa façon de parler.

— Voilà, il est entré comme ça, expliquait-elle, il a dit : « Bien le bonjour », il a accroché son chapeau ici, et il est allé...

— Où ça ?

La vieille suivit le chemin emprunté par le plombier pour aller à la cuisine, entraînant mon ami derrière elle. Je fis mine de les suivre, puis je revins rapidement dans le bureau, mis le pistolet non dans le tiroir de gauche, mais dans celui de droite, et je les rattrapai dans la cuisine.

— Où le rangiez-vous d'habitude ? demandai-je avec zèle, quand nous fûmes revenus dans le bureau.

Mon ami ouvrit le tiroir de gauche et me montra la place vide.

— Je n'y comprends rien, dis-je en haussant les épaules. C'est vraiment un mystère. On vous l'a volé, c'est certain.

Le désarroi de mon ami était maintenant total.

— Mais justement, je pense de plus en plus qu'on n'a pas pu me le voler, dit-il au bout d'un moment. Qui aurait pu le voler, puisque personne n'est venu !

S'arrachant à la contemplation du tiroir, il alla visiter les poches d'un vieux manteau pendu dans l'entrée, où il ne trouva rien.

— Pour moi, il est clair qu'on vous l'a volé, dis-je pensivement. Il faut avertir la milice.

Mon ami fit entendre un gémissement inarticulé.

— Et vous n'auriez pas pu le ranger ailleurs ?

— Je le mets toujours à la même place ! s'écria-t-il avec une agitation croissante.

Et pour bien m'en convaincre, il ouvrit le tiroir du milieu. Ensuite, il marmotta je ne sais quoi, ouvrit de nouveau le tiroir de gauche dans lequel il fouilla d'une main, puis le tiroir du bas, et enfin – tout en proférant des malédictions – le tiroir de droite.

— Mais… le voilà ! s'écria-t-il d'une voix étranglée en me regardant. Le voilà ! Maman ! Je l'ai retrouvé !

Ce jour-là, il fut exceptionnellement gai, et il me retint à déjeuner.

Enfin débarrassé de la question du revolver, qui pesait sur ma conscience, je fis une démarche qu'on peut qualifier de téméraire : j'abandonnai mon travail au *Courrier de la Navigation*.

J'étais entré dans un autre monde. J'allai plusieurs fois chez Rudolfi, et je commençai à rencontrer des écrivains, dont certains jouissaient déjà d'une vaste notoriété. Aujourd'hui, tout cela s'est en quelque sorte envolé de ma mémoire, sans y laisser d'autre trace qu'une impression d'ennui. La seule chose que je ne puis oublier, c'est le jour où je fis la connaissance de l'éditeur de Rudolfi, Makar Rvatski.

On peut dire que Rudolfi avait tout pour lui : l'intelligence, le savoir-faire, voire une certaine érudition, tout – excepté l'argent. Cependant, l'amour passionné qu'il portait à son travail le poussait irrésistiblement à tout faire pour continuer à éditer – et quoi qu'il lui en coûtât – son épaisse revue. Sans cela, il serait mort – je pense.

C'est la raison pour laquelle je me trouvai un jour dans une singulière maison, qui donnait sur l'un des grands boulevards de Moscou. Là demeurait l'éditeur Rvatski, ainsi que me l'apprit Rudolfi. Ce qui m'intriguait par-dessus tout, c'est l'enseigne de la maison : *Bureau des fournitures photographiques*.

Le plus bizarre, c'est que la maison ne contenait absolument rien – et notamment pas la moindre fourniture photographique – à l'exception de quelques coupons d'indienne et de drap, enveloppés dans du papier de journal.

Par contre, elle grouillait littéralement de visiteurs. Tous étaient en manteau et bonnet de fourrure, et discutaient avec animation entre eux. J'entendis en passant deux mots qui semblaient revenir sans cesse dans la conversation – « fil de fer » et « boîtes » – et je ne cachai pas mon extrême étonnement. Mais moi-même, je fus accueilli avec des regards stupéfaits. Je déclarai que je venais voir Rvatski pour affaires. On me conduisit immédiatement, et avec les marques de la plus parfaite déférence, derrière une cloison de contre-plaqué, et là, mon étonnement passa toute mesure.

Le lourd secrétaire derrière lequel s'était installé Rvatski était chargé d'un amoncellement de boîtes d'anchois de la Caspienne.

Quant à Rvatski lui-même, il produisit sur moi une impression encore plus déplorable que les anchois dans sa maison d'édition. C'était un homme sec, osseux, de petite taille, et vêtu – à mes yeux habitués aux blouses des typographes de *La Navigation* – de façon excessivement bizarre. Il était en habit et pantalon rayé, mais son faux col amidonné était très sale, et s'ornait en outre d'une cravate verte où il avait piqué une épingle de rubis.

Si la vue de Rvatski me laissa abasourdi, je parus quant à moi le plonger dans la plus grande frayeur, ou plus exactement dans un extrême désarroi, quand je lui expliquai que j'étais venu signer avec lui un contrat pour la publication de mon roman dans la revue qu'il éditait. Mais il revint rapidement à lui, prit les deux exemplaires du contrat que j'avais apportés, tira un stylo de sa poche et signa les deux feuilles presque sans les lire. Puis il me fourra le tout – papiers et stylo – dans les mains. J'allais signer, quand mon regard tomba sur les boîtes les plus proches. L'étiquette qui les entourait portait l'inscription « Anchois d'Astrakhan – première qualité », à côté de laquelle étaient dessinés un filet et un pêcheur aux pantalons retroussés sur les mollets – et il me vint tout à coup une idée inquiétante.

— Est-ce que je serai payé tout de suite, aussitôt le contrat signé ? demandai-je.

Instantanément, Rvatski se fit tout sourire – il se métamorphosa en l'image même de la gentillesse et de la courtoisie. Il toussota et dit :

— Dans quinze jours exactement. Sans faute. Pour l'instant, nous avons de petits ennuis…

Je posai le stylo.

— … ou même dans une semaine, si vous voulez, ajouta-t-il précipitamment. Pourquoi ne signez-vous pas ?

— Alors, nous signerons le contrat à ce moment-là, dis-je. Quand vos ennuis auront disparu.

Rvatski hocha la tête avec un sourire amer.

— Vous n'avez pas confiance en moi ? demanda-t-il.

— Vous me faites rire.

— Écoutez, dit Rvatski, si vous avez vraiment besoin d'argent, disons mercredi. Ça va ?

— Malheureusement non. Impossible.

— Il est très important que le contrat soit signé maintenant, dit Rvatski d'un ton sérieux. Quant à l'argent, je vous le promets pour mardi.

— Impossible. Je regrette, dis-je en lui rendant les contrats et en reboutonnant mon manteau.

— Une minute, que diable ! Comme vous êtes ! s'écria Rvatski. Et on dit que les écrivains manquent de sens pratique !

Et d'un seul coup, l'expression d'un profond chagrin se peignit sur son pâle visage. Il regarda autour de lui avec inquiétude, mais nous ne vîmes rien d'autre qu'un jeune homme essoufflé qui s'approcha de Rvatski et lui tendit un billet de carton, enveloppé dans du papier blanc.

« C'est un billet avec une réservation de place, pensai-je. Il va partir en voyage. »

Une vive rougeur envahit les joues de l'éditeur, et ses yeux étincelèrent, sans que je pusse imaginer en aucune manière ce que cela signifiait.

Finalement, Rvatski me donna la somme indiquée sur le contrat, et pour le reste, il me signa des traites. C'était la première – et ce fut la dernière – fois de ma vie que j'eus des traites entre les mains. On avait dû courir les chercher je ne sais où, pendant que j'attendais, assis sur des casiers de bureau qui exhalaient une pénétrante odeur de cuir de bottes. Je fus très flatté de posséder des lettres de change.

Les deux mois suivants se sont presque complètement effacés de ma mémoire. Je me rappelle seulement que j'exprimai à Rudolfi mon indignation pour m'avoir envoyé chez ce Rvatski, cet individu qui, avec ses yeux vides et son épingle de rubis, pouvait être n'importe quoi, sauf un éditeur. Je me souviens aussi d'avoir eu l'impression que mon cœur remontait jusqu'à ma gorge quand Rudolfi me dit : « Montrez-moi donc ces traites ? », et qu'il reprit sa place lorsque Rudolfi conclut, après les avoir examinées : « Bon, tout va bien. » En outre, je n'oublierai jamais le jour où j'allai toucher le montant de la première traite. Tout d'abord, l'enseigne *Bureau des fournitures photo-*

graphiques avait disparu, comme si elle n'avait jamais existé. À sa place, une autre enseigne indiquait *Dépôts de flacons pharmaceutiques*.

J'entrai et dis :

— Je voudrais voir Makar Borissovitch Rvatski.

Je me souviens parfaitement de la sensation très nette que j'éprouvai – mes jambes fléchirent sous moi – quand on me répondit que Makar Borissovitch Rvatski était parti pour l'étranger.

Ah !... mon cœur !... Du reste, tout cela n'a plus d'importance, désormais.

Abrégeons. Derrière la cloison se tenait cette fois le frère de Rvatski (quant à celui-ci, il était parti pour l'étranger – rappelez-vous le billet – dix minutes après que nous eûmes signé le contrat). Tout l'opposé de son frère au point de vue physique, Aloysius Rvatski était un homme de carrure athlétique, d'aspect sérieux. Il paya sans rien dire le montant de ma lettre de change.

Un mois plus tard, je dus me faire payer la deuxième, en maudissant la vie, dans je ne sais plus quel établissement officiel, là où vont les traites protestées (une étude de notaire, ou une banque, je ne sais – toujours est-il qu'il y avait là des guichets grillagés).

Pour la troisième traite – l'expérience aidant – j'allai trouver le second Rvatski quinze jours avant l'échéance, et je lui dis que tout cela commençait à me fatiguer.

Le morose Aloysius leva pour la première fois ses yeux aux lourdes paupières sur ma personne, et grogna :

— Naturellement. Pourquoi attendre les échéances ? Vous pouvez toucher le reste tout de suite.

Au lieu de huit cents roubles, il ne m'en donna que quatre cents, mais c'est avec un grand soulagement que je lui tendis les deux derniers papiers de forme oblongue.

Ah Rudolfi, Rudolfi ! Merci à vous pour Makar et pour Aloysius ! Mais inutile d'anticiper – la suite est bien pire.

Entre-temps je fis l'acquisition d'un manteau.

Vint enfin le jour où, par un froid de loup, je me rendis pour la dernière fois dans cette étrange maison. C'était le soir. Derrière la cloison, une lampe de cent bougies blessait les yeux insupportablement. Aucun des Rvatski n'était là (faut-il ajouter que le deuxième était parti, lui aussi ?). Sous la lampe se tenait Rudolfi, vêtu d'un gros manteau. Devant lui sur la table, et par terre et jusque sous la table, s'entassaient d'épaisses brochures à couverture gris bleu : les numéros de la revue qui venaient de sortir de l'imprimerie. Instant privilégié ! Aujourd'hui, tout cela me semble ridicule, mais en ce temps-là, j'étais jeune encore.

Rudolfi avait les yeux brillants. Il faut dire qu'il aimait son travail. C'était un vrai rédacteur.

Il existe une certaine sorte de jeunes gens, que tout le monde a certainement rencontrés à Moscou. Ces jeunes gens apparaissent dans les rédactions des revues au moment de la sortie d'un nouveau numéro, mais ils ne sont pas écrivains. On les voit aux répétitions générales de tous les théâtres, mais ils ne sont pas acteurs. Ils assistent aux vernissages des expositions de peinture, bien qu'ils ne peignent pas. Ils appellent les cantatrices célèbres non par leur nom de famille, mais par leur prénom et leur patronyme ; ils appellent de même toutes les personnes qui occupent un poste tant soit peu élevé, bien qu'ils ne les connaissent pas personnellement. Aux premières du Théâtre Bolchoï, ils marchent sur les pieds des spectateurs du septième ou du huitième rang, mènent grand tapage et envoient de la main mille saluts à on ne sait qui au premier balcon. À l'*Hôtel Métropole*, ils occupent les meilleures tables, tout près de la fontaine, tandis que des guirlandes d'ampoules de toutes couleurs illuminent leurs pantalons à pattes d'éléphant.

L'un d'eux était assis devant Rudolfi.

— Eh bien, mon cher, que pensez-vous de ce numéro ? Il vous a plu ? demanda Rudolfi au jeune homme.

— Ilya Ivanytch ! s'écria le jeune homme en tripotant une brochure, tandis qu'une vive émotion se peignait sur son visage. C'est charmant ! Délicieux, Ilya

Ivanytch ! Mais si vous le permettez, je vous dirai en toute sincérité que nous autres, vos lecteurs, nous ne comprenons pas comment, avec le goût parfait que nous vous connaissons, vous avez pu publier cette chose de… Maksoudov.

« C'est donc là qu'on voulait en venir », pensai-je, glacé.

Mais Rudolfi me lança un coup d'œil de connivence et dit :

— Eh bien quoi ? Qu'y a-t-il ?

— Comment, qu'y a-t-il ? s'écria le jeune homme. Mais voyons, premièrement… Vous me permettez d'être sincère, Ilya Ivanovitch ?

— Je vous en prie, je vous en prie, dit Rudolfi, qui rayonnait.

— Eh bien premièrement, c'est illisible ! L'ignorance des choses les plus élémentaires… Je peux vous montrer vingt passages où il y a des fautes de syntaxe grossières !

« Il faudra que je voie ça dès ce soir », pensai-je, me sentant défaillir.

— Et le style ! cria le jeune homme. Seigneur ! Quel style épouvantable ! Et puis tout cela, c'est de l'éclectisme, du plagiat, c'est d'une navrante impuissance ! Une philosophie à bon marché, tout à fait superficielle… C'est plat, c'est mauvais, Ilya Ivanovitch ! Et puis, c'est du plagiat !

— De qui ? demanda Rudolfi.

— D'Avertchenko[1] ! s'écria le jeune homme, en tournant et retournant le numéro qu'il tenait, et en déchirant du doigt les pages non coupées. C'est de l'Avertchenko le plus ordinaire ! Tenez, je vais vous montrer...

Le jeune homme se mit à chercher fébrilement dans les pages, tandis que je suivais le mouvement de ses mains en tendant le cou comme une oie. Malheureusement, il ne trouva pas ce qu'il cherchait.

« Je chercherai chez moi », me dis-je.

— Je chercherai chez moi, assura le jeune homme. Mais vous avez gâché votre numéro, Ilya Ivanovitch. Ce Maksoudov est un illettré, tout simplement ! Qui est-il ? Où a-t-il étudié ?

— Il dit qu'il a suivi une école paroissiale, répondit Rudolfi, dont les yeux étincelaient. D'ailleurs, interrogez-le vous-même. Permettez-moi de vous présenter...

En un instant, les joues du jeune homme parurent se couvrir d'une moisissure verdâtre, tandis que ses yeux s'emplissaient d'une horreur indescriptible.

Je saluai courtoisement le jeune homme, qui ne put que m'adresser un sourire crispé, son agréable physionomie toute gâtée par une expression de vive douleur. Il gémit et tira de sa poche un mouchoir, et je m'aperçus que le sang affluait à ses joues. Je restai immobile comme une statue.

---

1. Écrivain russe émigré en 1920. *(N.d.T.)*

— Mais qu'avez-vous donc ? lui demanda Rudolfi.

— Un clou, balbutia le jeune homme.

— Bon, faut y aller, dis-je grossièrement, en évitant de le regarder.

— Prenez vos livres, dit Rudolfi.

Je pris un paquet d'exemplaires d'auteur, serrai la main de Rudolfi, saluai le jeune homme – sur quoi, tout en continuant de presser son mouchoir contre sa joue, il laissa choir son livre et sa canne – puis je gagnai la porte à reculons, heurtai une table du coude et sortis.

Il tombait une neige épaisse, une neige de sapin de Noël.

Inutile de décrire longuement la nuit que je passai, penché sur la revue, à relire divers chapitres du roman. Ce qui est curieux, c'est que par moments, il me plaisait, pour me paraître simplement exécrable l'instant d'après. Au matin, quand j'eus fini, je l'avais tout entier en horreur.

Les événements de cette nouvelle journée sont restés gravés dans ma mémoire. Au cours de la matinée, je vis arriver chez moi – il ne pouvait mieux tomber – l'ami à qui j'avais volé le pistolet. Je lui fis cadeau d'un exemplaire du roman. Le soir, je me rendis à une réception organisée par un groupe d'écrivains à l'occasion d'un événement de la plus haute importance : l'heureux retour de l'étranger du célèbre homme de lettres Ismaël Alexandrovitch Bondarevski. De plus

– et cela redoublait le caractère solennel de cette soirée – on allait fêter en même temps un autre célèbre homme de lettres : Iégor Agapénov, qui revenait d'un voyage en Chine.

Je m'étais habillé et mis en route dans un état de grande excitation. D'une certaine façon, j'entrais donc dans ce monde nouveau auquel j'aspirais. Et ce monde allait s'ouvrir devant moi sous son aspect le plus excellent : à cette soirée, je verrais les tout premiers représentants de la littérature, toute sa fleur.

Et précisément, quand j'entrai dans l'appartement où avait lieu la réception, je me sentis plein d'enthousiasme.

Le premier qui me tomba sous les yeux fut ce même jeune homme dont l'oreille était si fâcheusement abîmée par un clou. Et je le reconnus, bien qu'il eût la tête tout emmaillotée d'une bande de gaze éclatante de blancheur.

Il m'accueillit avec joie, comme son plus proche parent, me serra longuement la main, et me déclara qu'il avait passé la nuit à lire mon roman, et que celui-ci commençait à lui plaire.

— Moi aussi, lui dis-je, je l'ai lu toute la nuit, et il ne me plaît plus du tout.

Nous eûmes une conversation chaleureuse, au cours de laquelle le jeune homme m'informa qu'on nous servirait de l'esturgeon en gelée. Bref, il me parut tout excité et fort gai.

Je regardai autour de moi : décidément, le nouveau monde m'accueillait dans son sein, et ce monde me plaisait. La salle où nous nous trouvions était immense, et la table portait environ vingt-cinq couverts ; les cristaux jetaient mille feux, et même le caviar noir étincelait ; la verdure rafraîchissante des concombres faisait naître des images joyeuses et bêtes de quelque partie de campagne, ainsi que des idées saugrenues de gloire, et autres sottises. À ce moment on me présenta à deux personnages : l'auteur bien connu Liessossékov, et le romancier Tounski. Il y avait peu de dames, mais il y en avait.

Likospastov – qui était là aussi – se montrait silencieux comme l'eau dormante et humble comme la fleur des champs, et j'eus l'impression qu'il était probablement d'un rang très inférieur par rapport aux autres, qu'on ne pouvait même pas le comparer à un Liessossékov – déjà célèbre quoique débutant, avec ses belles boucles de cheveux châtain clair – sans parler naturellement d'un Agapénov ou d'un Ismaël Alexandrovitch.

En me voyant, Likospastov se fraya un chemin jusqu'à moi, et nous nous saluâmes.

— Eh bien, dit-il en poussant, je ne sais pourquoi, un soupir. Je te félicite. Je te félicite de tout cœur. Et je te le dis carrément : tu es un petit malin, frère. J'aurais donné ma main à couper que ton roman ne pourrait jamais paraître. Impossible ! Comment tu t'y es pris pour mettre Rudolfi dans ta poche, ça me dépasse. Mais je te prédis que tu iras loin ! Et à te voir, hein ? on dirait un petit saint... Mais on les connaît, les saintes-nitouches...

À ce moment, les sincères félicitations de Likospastov furent interrompues par un grand bruit qui se fit dans l'entrée, et le critique Konkine, qui assumait les devoirs de maître de maison (la réception avait lieu chez lui), s'écria : « Le voilà ! »

C'était exact : Ismaël Alexandrovitch venait d'arriver.

Tout d'abord, on entendit dans l'entrée une voix sonore, puis des bruits de baisers, après quoi l'on vit apparaître dans la salle à manger un citoyen de taille minuscule, en veston et col de celluloïd. Il semblait tout à fait confus de déranger les gens, extrêmement intimidé et poli, et il tenait à la main – pourquoi ne l'avait-il pas laissée dans l'entrée ? – une casquette à bandeau de velours où se voyait encore la marque circulaire et poussiéreuse d'une cocarde du temps de la guerre civile.

« Pardon, mais il y a sûrement une erreur », avais-je envie de dire, tellement l'aspect de l'homme qui venait d'entrer jurait avec le rire vigoureux et les mots « pâtés en croûte » qu'il avait lancés dans le vestibule.

Il y avait effectivement erreur. Derrière le petit homme, Konkine fit entrer dans la salle à manger, en le tenant tendrement par la taille, un bel homme grand et gros, à la barbe frisée et lustrée, aux boucles soigneusement peignées.

L'un des écrivains présents, le romancier Fialkov – dont Rudolfi m'avait dit en confidence qu'il était sur le chemin d'une rapide et brillante carrière – était habillé avec une grande élégance – en général, ils étaient tous bien habillés – mais on ne pouvait comparer le costume de Fialkov avec les vêtements d'Ismaël Alexandrovitch. Coupé par un tailleur parisien de première classe dans un tissu de la meilleure qualité, un costume marron revêtait élégamment la personne harmonieuse, quoiqu'un peu replète, d'Ismaël Alexandrovitch. Linge amidonné, souliers vernis et boutons de manchettes d'améthyste complétaient sa tenue. Propre, clair, frais, resplendissant, gai et simple – tel était Ismaël Alexandrovitch. Un sourire fit briller ses dents d'une blancheur parfaite, et il s'écria, en enveloppant d'un regard la table du festin :

— Ha ! Sapristi !

De petits rires voletèrent, accompagnés d'applaudissements discrets et de bruits de baisers. Ismaël Alexandrovitch salua les uns en leur serrant la main, d'autres en les embrassant sur les deux joues ; devant certains, il se détournait brusquement et couvrait ses yeux de sa belle main blanche, comme s'il était aveuglé par le soleil, et il pouffait, enchanté de sa plaisanterie.

Quant à moi, me prenant sans doute pour un autre, il m'embrassa trois fois, ce qui me permit de constater qu'Ismaël Alexandrovitch sentait le cognac, l'eau de Cologne et le cigare.

— Baklajanov ! s'écria Ismaël Alexandrovitch en désignant le petit homme qui était entré devant lui. Je vous le recommande. Baklajanov est mon ami.

Baklajanov esquissa un sourire douloureux puis, tout à fait troublé par cette brillante société où il se sentait étranger, il coiffa de sa casquette la statue d'une jeune fille de couleur chocolat, porteuse d'un lampadaire.

— Je l'ai traîné jusqu'ici, poursuivit Ismaël Alexandrovitch, parce qu'il n'a rien à faire chez lui. Je vous le recommande. C'est un petit homme extraordinaire, et un grand érudit. Et rappelez-vous ceci : d'ici un an, et même moins, il nous aura damé le pion à tous ! Mais quelle idée, bon Dieu ! d'aller mettre ta casquette à cette jeune fille ? Baklajanov !

Rouge de honte, Baklajanov voulut s'avancer pour se prêter à la cérémonie des présentations, mais il n'y réussit pas et disparut dans le tourbillon qui, juste à ce moment, agita la foule : on passait à table, et déjà, parmi les convives qui prenaient place, commençait à circuler un énorme pâté à la croûte vernie et boursouflée.

Tout de suite, une animation cordiale et joyeuse régna autour de la table.

— Un pâté en croûte ! lança la voix puissante d'Ismaël Alexandrovitch. Baklajanov ! À quelle occasion avons-nous déjà mangé du pâté en croûte, toi et moi ?

Les tintements du cristal flattaient l'oreille, et son éclat semblait avoir ajouté des lumières au lustre. Après le troisième petit verre de vodka, tous les regards se tournèrent vers Ismaël Alexandrovitch.

— Paris ! Parlez-nous de Paris ! s'écriait-on de toutes parts.

— Eh bien, par exemple, dit Ismaël Alexandrovitch, nous étions un jour au Salon de l'automobile. À l'inauguration. Sur l'honneur, c'était parfait : un ministre, des journalistes, des discours… et qui vois-je parmi les journalistes ? cet escroc de Kondioukov, Sachka Kondioukov… Bon, un Français prononce un discours, évidemment, enfin… un petit speech à la va-vite, et ensuite, naturellement, champagne. Là-dessus, je regarde Kondioukov, je vois ses joues se gonfler, et aussitôt, voilà cet enfant de putain qui se met à vomir. Devant les dames, le ministre, et tout ! Qu'est-ce qui a pu lui passer par la tête, je me le demande encore ! Bref, un énorme scandale. Naturellement, le ministre fait semblant de n'avoir rien vu, mais comment ne pas voir ?… Et son frac, son chapeau claque, son pantalon à mille francs, tout cela complètement fichus !… Enfin, on l'emmène, on lui fait boire de l'eau, et on le reconduit chez lui…

— Encore ! encore ! cria-t-on autour de la table.

À ce moment, une femme de chambre en tablier blanc vint présenter aux convives l'esturgeon en gelée.

La conversation devint générale, et les voix montèrent d'un ton. Mais je brûlais d'en savoir plus sur Paris, et parmi le tohu-bohu ponctué d'exclamations et de tintements de vaisselle, je tendais l'oreille pour saisir ce que racontait Ismaël Alexandrovitch.

— Baklajanov ! s'écria soudain celui-ci. Pourquoi ne manges-tu pas ?

— Continuez, s'il vous plaît ! s'exclama le jeune homme en applaudissant.

— Oui ! Qu'est-il arrivé après ?

— Après ? Eh bien figurez-vous qu'un jour, ces deux filous se trouvent nez à nez sur les Champs-Élysées ! Tableau ! Et l'autre n'a pas le temps de se retourner que vlan ! cette canaille de Katkine lui crache en pleine gueule !...

— Aïe-aïe-aïe !

— Mais oui... Baklajanov ! Tu ne vas pas t'endormir, sacrebleu !... Mais attendez. D'émotion Katkine – comme vous le savez, c'est un épouvantable neurasthénique – Katkine rate son but, et crache sur une dame, en plein sur son chapeau – une dame qu'il ne connaissait pas du tout !

— Et sur les Champs-Élysées !

— Oh ! vous savez, les Champs-Élysées !... Ça n'a rien d'extraordinaire. En tout cas, la dame avait un chapeau de trois mille francs ! Et là-dessus, naturellement, un monsieur lève sa canne et se met à cogner sur la tronche de Katkine. Un scandale épouvantable !

Des applaudissements éclatèrent à l'autre bout de la table, et j'aperçus soudain devant moi la lueur dorée d'une flûte de champagne. Je me rappelle que nous bûmes à la santé d'Ismaël Alexandrovitch.

Puis de nouveau, je pus saisir ce qu'il racontait de Paris.

— … et sans se démonter, il lui dit : « Combien ? » Mais l'autre était un roublard – et Ismaël Alexandrovitch cligna de l'œil – et lui répond : « Huit mille. » – « Tiens ! » lui dit l'autre, et il se tape sur le bras, comme ça !

— À l'Opéra !

— Vous parlez ! Il s'en foutait, de l'Opéra ! Et il y avait deux ministres, au deuxième rang.

— Mais l'autre ? Qu'est-ce qu'il a fait ? demanda quelqu'un en riant.

— Il lui a mis sur la gueule, tiens !

— Pas possible !

— Bah ! On les a sortis tous les deux. Là-bas, ça n'a rien d'extraordinaire…

Le festin commençait à tourner à l'orgie. Déjà, d'épaisses nappes de fumée s'étiraient au-dessus de la table. Sous mon pied, je sentis tout à coup quelque chose de mou et de glissant, et en me penchant, je vis qu'il s'agissait d'un morceau de saumon – comment était-il venu là, je l'ignorais. De gros rires étouffèrent les paroles d'Ismaël Alexandrovitch, et la suite de son singulier récit sur son voyage à Paris fut perdue pour moi. Je commençais à méditer sur les bizarreries de la vie à l'étranger quand un coup de sonnette m'interrompit, annonçant l'arrivée de Iégor Agapénov. Une certaine confusion régnait à ce moment dans l'appartement. De la pièce voisine parvenaient les sons d'un piano sur lequel on jouait doucement un air de fox-trot, et j'aperçus mon fameux jeune homme qui piétinait en serrant une dame contre lui.

Iégor Agapénov fit une entrée énergique et majestueuse. Il était suivi d'un Chinois, petit, sec et jaune, qui portait des lunettes à monture noire, puis d'une dame à robe jaune accompagnée d'une sorte de géant barbu qu'on appelait Vassili Pétrovitch.

— Mais c'est Ismacha ! s'exclama Iégor en mettant le cap sur Ismaël Alexandrovitch.

— Ha ! Iégor ! vociféra celui-ci, le ventre secoué d'un rire joyeux, et, dans une grande embrassade, il jeta sa barbe par-dessus l'épaule d'Agapénov.

Le Chinois adressa à tout le monde un sourire affable, mais sans prononcer une parole. Il resta d'ailleurs parfaitement silencieux pendant toute la soirée.

— Faites connaissance avec mon ami chinois ! s'écria Iégor en se détachant des bras d'Ismaël Alexandrovitch.

Ensuite, tout sombra dans le vacarme et la confusion. Je me souviens qu'on dansa dans la chambre, dont le parquet était recouvert d'un tapis, ce qui entraîna quelques difficultés. Une tasse de café était posée sur un bureau. Vassili Pétrovitch buvait du cognac. J'aperçus Baklajanov qui dormait dans un fauteuil. L'air était obscurci par la fumée. Je commençais à penser qu'il était vraiment temps de partir.

C'est alors que j'eus une conversation tout à fait inattendue avec Agapénov. J'avais remarqué que, comme on approchait de trois heures du matin, il avait commencé à donner des signes d'une certaine et bizarre inquiétude. Dans la fumée qui, comme une brume, rendait toutes choses indistinctes, je le vis aborder quelqu'un et se mettre à parler de je ne sais quoi, mais – pour autant que je pusse m'en rendre compte – il essuya un refus catégorique. Enfoncé dans un fauteuil près du bureau, je buvais du café, tout en essayant de comprendre pourquoi j'avais l'âme angoissée et pourquoi Paris me semblait tout à coup extrêmement ennuyeux, à tel point que j'avais perdu soudain tout désir d'y aller.

À ce moment, je vis se pencher vers moi un large visage à demi caché par d'énormes lunettes. C'était Agapénov.

— Maksoudov ? demanda-t-il.

— Oui.

— J'ai entendu parler de vous, dit Agapénov. Par Rudolfi. On dit que vous avez publié un roman ?

— Oui.

— Un fameux roman, à ce qu'on dit. Ah, Maksoudov ! chuchota-t-il soudain en clignant de l'œil. Regardez bien ce personnage, là-bas... vous le voyez ?

— Celui avec la barbe ?

— Oui, oui. C'est mon beau-frère.

— Il est écrivain ? demandai-je en observant ce même Vassili Pétrovitch qui, souriant dans le vide avec une tendresse inquiète, continuait à boire du cognac.

— Non ! Il dirige une coopérative à Tiétiouschi... Maksoudov, murmura Agapénov d'un ton pressant, ne perdez pas votre temps, vous le regretteriez. Ce type est extraordinaire ! Pour vous, pour votre travail, il est indispensable. En une nuit, vous pouvez lui soutirer une dizaine d'histoires, et les publier toutes à prix d'or. C'est un ichtyosaure ! Un homme de l'âge de bronze ! Il raconte des histoires ahurissantes ! Imaginez ce qu'il a pu voir dans son Tiétiouschi ! Prenez-le dans vos filets et ne le lâchez plus, sinon d'autres vont mettre la main dessus et tout gâter.

Vassili Pétrovitch, sentant qu'on parlait de lui, eut un sourire presque douloureux, et vida son verre d'un trait.

— Mais le mieux... j'ai une idée ! fit Agapénov d'une voix rauque. Je vais vous présenter à lui tout de suite. Vous… vous êtes célibataire ? demanda Agapénov avec inquiétude.

— Oui, je suis célibataire… dis-je en regardant Agapénov avec des yeux ronds.

Une grande joie se peignit sur les traits d'Agapénov.

— C'est merveilleux ! Faites connaissance, et vous l'emmènerez coucher chez vous ! Excellente idée ! Vous avez un divan, ou quelque chose comme ça ? Il dormira sur votre divan, pour lui, ce n'est rien. Et après-demain, il s'en ira.

Je fus tellement abasourdi que je ne trouvai rien à répondre. Tout ce que je pus dire fut :

— Je n'ai qu'un divan…

— Large ? demanda Agapénov, inquiet.

Là, je retrouvai quelque peu mes esprits. Il était temps, car Vassili Pétrovitch commençait déjà à tourner autour de nous, en se balançant d'un pied sur l'autre, manifestement prêt à faire connaissance au plus vite, tandis qu'Agapénov me tirait par le bras.

— Pardonnez-moi, dis-je, mais malheureusement, il m'est absolument impossible de l'emmener chez moi. Je n'ai qu'une chambre chez des gens, elle communique avec les autres pièces, et en plus, les enfants de ma logeuse y dorment, derrière un paravent..

Je voulus ajouter qu'ils avaient la scarlatine, puis je me dis qu'il était inutile d'accumuler les mensonges. Et j'ajoutai :

— Ils ont la scarlatine.

— Vassili ! s'écria Agapénov. As-tu eu la scarlatine ?

J'avais entendu je ne sais combien de fois prononcer le mot « intellectuel » à propos d'Agapénov. Je ne nie pas, du reste, que moi aussi, je mérite sans doute cette triste épithète. Mais je rassemblai mes forces et, interrompant brusquement Vassili Pétrovitch qui commençait, avec un sourire suppliant : « Vous... », je dis avec fermeté à Agapénov :

— Je refuse catégoriquement de l'emmener. Je ne peux pas.

— Mais enfin, tout de même, murmura Agapénov – non ?

— Non. Je ne peux pas.

Agapénov, tête basse, remua les lèvres, mais aucun son n'en sortit.

— Mais permettez, continuai-je, c'est bien vous qu'il est venu voir ? Où est-ce qu'il s'est installé ?

— Chez moi, naturellement, que le diable l'emporte, dit mélancoliquement Agapénov.

— Eh bien alors...

— Oui, mais ma belle-mère est arrivée aujourd'hui, avec sa sœur, comprenez-vous, très cher ami ? et puis il y a ce Chinois. Ah ! que le diable emporte ces beaux-frères ! ajouta soudain Agapénov. Pourquoi n'est-il pas resté à Tiétiouschi ?...

Et Agapénov s'éloigna brusquement.

Alors, une anxiété confuse et inexplicable s'empara de moi, et sans dire au revoir à personne, sauf à Konkine, je quittai l'appartement.

6. Catastrophe

Ce chapitre sera probablement le plus bref. À l'aube, je sentis un frisson me parcourir le dos. Puis un deuxième. Je me recroquevillai et m'enfouis sous la couverture. Je me sentis alors un peu mieux, mais cela ne dura qu'une minute. J'eus soudain très chaud, puis de nouveau je frissonnai de froid, au point de claquer des dents. J'avais un thermomètre. Il monta à 38,8 °C. Donc, j'étais malade.

Bien que la matinée fût déjà avancée, j'essayai de m'endormir. Aujourd'hui encore, je me rappelle cette matinée. Il me suffisait de fermer les yeux pour voir se pencher sur moi un visage à grosses lunettes qui bougonnait : « Emmène-le », à quoi je ne cessais de répéter : « Je ne peux pas. » Vassili Pétrovitch tantôt m'apparaissait en rêve, tantôt venait réellement s'installer dans ma chambre, et ce qui était horrible, c'est qu'il se versait du cognac que moi, je buvais. Paris était devenu absolument intolérable, avec son Opéra où quelqu'un répétait sans cesse un geste obscène…

— Je veux dire la vérité, grognai-je, tandis que la lumière du jour se répandait déjà dans la chambre, à travers le store déchiré et sale – toute la vérité. Hier, j'ai vu un monde nouveau, et ce monde me répugne. Je n'irai plus. Ce monde m'est étranger. Monde odieux ! Il faut que je garde là-dessus le plus grand secret. Tsss !

Ma bouche se dessécha anormalement vite. Sans savoir pourquoi, je posai à côté de moi un exemplaire de la revue. Dans l'intention de lire, je suppose. Mais je ne lus pas une ligne. Je voulus prendre encore une fois ma température, mais je n'en fis rien. Le thermomètre était posé à côté de moi sur une chaise, mais j'avais la curieuse impression que je devais aller le chercher je ne sais où. Puis je m'assoupis tout à fait. Je me rappelle bien le visage de mon collègue de *La Navigation*, mais celui du docteur s'est fondu en une tache indistincte. En un mot j'avais la grippe. Pendant plusieurs jours, je flottai dans les régions douloureuses de la fièvre, puis la température tomba. Je ne vis plus les Champs-Élysées, ni celui qui crachait sur un chapeau, et Paris cessa de s'étendre sur cent verstes autour de moi.

J'avais faim, et une voisine charitable – la femme d'un contremaître – me prépara du bouillon. Je le bus dans une tasse dont la poignée était cassée, puis j'essayai de lire mon œuvre, mais au bout d'une dizaine de lignes j'abandonnai cette occupation.

Le douzième jour, ou à peu près, j'étais rétabli. Je fus étonné de n'avoir reçu aucune nouvelle de Rudolfi, alors que je lui avais envoyé un mot lui demandant de venir me voir.

Ce jour-là, je sortis de la maison pour me rendre au *Dépôt des flacons pharmaceutiques*. En arrivant je trouvai la porte fermée par un gros cadenas. Je pris alors un tramway. Le voyage fut long, et de faiblesse, je m'appuyai à une fenêtre et soufflai sur la vitre gelée pour regarder dehors. J'arrivai enfin chez Rudolfi. Je sonnai. Pas de réponse. Je sonnai encore une fois. Alors, un petit vieux ouvrit la porte et me regarda d'un air dégoûté.

— Rudolfi est là ?

Le petit vieux contempla le bout de ses pantoufles, puis répondit :

— Non. Il est parti.

Quand je lui demandai où il avait bien pu aller, quand est-ce qu'il reviendrait, et même – question idiote – pourquoi il y avait un cadenas au *Dépôt*, le petit vieux se dandina un moment, hésitant, puis voulut savoir qui j'étais. Je lui expliquai tout, et lui parlai même du roman. Alors le petit vieux me dit :

— Ça fait une semaine qu'il est parti en Amérique.

Que je meure si je sais où ce Rudolfi a fichu le camp et pourquoi il a disparu. Qu'est devenue la revue ? que s'est-il passé au *Dépôt* ? qu'est-ce que c'est que cette Amérique ? comment est-il parti ? – je n'en sais rien, et je ne le saurai jamais. Et qui est ce petit vieux – le diable le sait !

Dans mon cerveau affaibli et vidé par la grippe s'insinua même la pensée que j'avais peut-être vu tout cela en rêve : Rudolfi lui-même, le roman imprimé, et les Champs-Élysées, et Vassili Pétrovitch, et l'oreille abîmée par un clou. Mais quand je rentrai chez moi, les neuf volumes bleus étaient toujours là. Le roman avait donc bien été imprimé. C'était certain. Il était là, sous mes yeux.

Malheureusement, je ne connaissais aucun des noms qui figuraient au sommaire. Je n'avais donc personne à qui demander des renseignements sur Rudolfi.

Je retournai encore une fois au *Dépôt*, mais ce fut pour constater qu'il n'en existait plus trace. Je trouvai à sa place un café, avec de petites tables recouvertes de toile cirée.

Si on le peut, qu'on m'explique donc où sont passés tous les numéros de la revue – plusieurs centaines de volumes ? Où sont-ils ?

Ce roman et Rudolfi : c'était la première fois de ma vie qu'il m'arrivait une aventure aussi étrange.

7. Le plus rationnel...

Le plus rationnel, dans ces singulières circonstances, était simplement de tout oublier, de cesser une fois pour toutes de penser à Rudolfi et aux numéros de la revue qui avaient disparu avec lui. C'est ce que je fis.

Mais cela ne me mettait pas à l'abri de la dure nécessité de vivre. Je commençai par jeter un regard sur mon passé.

« En somme, me dis-je, assis près de ma lampe à pétrole tandis que le vent de mars chassait la neige dans les rues – en somme, voici les mondes que j'ai visités. D'abord, le laboratoire de l'Université, dont je me rappelle les hottes et les matras sur leur support. Ce monde-là, je l'ai quitté au moment de la guerre civile. Ai-je, ce faisant, agi étourdiment ou sagement, ce n'est pas le lieu d'en discuter. Après d'incroyables aventures – pourquoi incroyables, d'ailleurs : qui n'a pas vécu des aventures incroyables à l'époque de la guerre civile ? – bref, après cela, je me suis retrouvé à *La Navigation*. Pour quelle raison ? Ne cachons rien : déjà, je caressais l'idée de devenir écrivain. Et puis quoi ? Je quittai aussi le monde de *La Navigation*.

C'est alors que s'ouvrit réellement devant moi le monde auquel j'aspirais. Mais voilà le malheur : il m'est tout de suite devenu insupportable. Il me suffit d'imaginer Paris pour être secoué d'un frisson spasmodique et ne pouvoir franchir cette porte qui s'ouvre à moi. Et ce damné Vassili Pétrovitch ! Et ce Tiétiouschi où il aurait dû rester !... Et quel que soit le talent d'Ismaël Alexandrovitch, quelle façon répugnante de parler de Paris ! En somme, je me trouve maintenant dans une sorte de vide ? Précisément.

« Eh bien quoi : puisque tu t'es lancé dans cette affaire, assieds-toi et écris un autre roman ; quant aux soirées, tu n'es pas obligé d'y aller. En fait, la vraie question n'est pas celle des soirées. L'ennui – le seul ennui sérieux – c'est que j'ignore complètement de quoi sera fait ce second roman. Que puis-je révéler aux hommes ? »

Au reste, à propos du premier roman, regardons la vérité en face. Personne ne l'a lu. Personne n'a pu le lire, puisque Rudolfi a disparu, bien avant d'avoir eu le temps de s'occuper de la diffusion. C'est évident. Quant à l'ami à qui j'ai donné un exemplaire, il ne l'a pas lu non plus. J'en suis bien certain.

À ce sujet, je suis certain aussi que beaucoup de ceux qui liront ces lignes m'appelleront « intellectuel » et « neurasthénique ». Intellectuel, je ne discute pas. Mais pour « neurasthénique », je tiens à affirmer avec tout le sérieux requis que c'est une erreur. Je n'ai pas la plus petite trace de neurasthénie. En général, avant d'employer ce mot à tort et à travers, on ferait bien de savoir avec un peu plus d'exactitude ce qu'est la neurasthénie. En écoutant les histoires d'Ismaël Alexandrovitch, par exemple. Mais laissons cela.

Avant tout, il fallait vivre, et pour cela, il fallait gagner de l'argent.

Laissant donc ces vains bavardages – qui m'avaient pris tout le mois de mars – je partis à la recherche d'un gagne-pain. Et tout de suite, la vie me prit au collet pour me ramener au *Courrier de la Navigation*, comme l'enfant prodigue. Je dis au secrétaire de la rédaction que j'avais écrit un roman, mais cela ne provoqua en lui nulle émotion. En un mot, nous convînmes que j'écrirais quatre reportages par mois, et que ce travail serait rémunéré conformément aux lois en vigueur. Ainsi, une certaine base matérielle m'était assurée. Mon plan devait consister maintenant à trouver un moyen de me débarrasser au plus vite de cette corvée, pour consacrer de nouveau mes nuits à écrire.

Je n'eus aucune difficulté à remplir la première partie de ce plan. Quant à la deuxième, le diable sait ce qu'elle a donné ! Tout d'abord, j'allai dans plusieurs librairies, pour acheter les œuvres de mes contemporains. Je voulais savoir sur quoi ils écrivaient, comment ils écrivaient – bref, découvrir les arcanes de ce prodigieux métier.

Je ne lésinai pas, achetant tout ce qui se trouvait de meilleur sur le marché. Au premier chef, j'acquis naturellement les œuvres d'Ismaël Alexandrovitch, puis un petit livre d'Agapénov, deux romans de Liessossékov, deux recueils de nouvelles de Flavien Fialkov, et bien d'autres. Mon premier devoir fut de me jeter sur Ismaël Alexandrovitch. Mais un désagréable pressentiment m'étreignit à la simple vue de la couverture. Le livre s'intitulait : *Petits Morceaux parisiens.* Et je m'aperçus que je connaissais déjà tout cela, depuis le premier petit morceau jusqu'au dernier. Je reconnus le maudit Kondioukov, qui vomissait au Salon de l'automobile, les deux individus qui se battaient sur les Champs-Élysées (l'un s'appelait Mouton et l'autre Pommadkine), et l'amateur de scandales qui faisait des gestes obscènes à l'Opéra. Ismaël Alexandrovitch était doué d'un style extrêmement brillant – il faut lui rendre cette justice – mais il réussit à développer en moi un durable sentiment d'horreur à l'égard de Paris.

Quant à Agapénov, il avait eu le temps de sortir son petit livre de nouvelles depuis la fameuse soirée. Cela s'appelait en effet *L'Ataxique de Tiétiouschi.* Il était facile de deviner que Vassili Pétrovitch n'avait pas réussi à trouver où se loger pour la nuit, et qu'il avait couché chez Agapénov, permettant à celui-ci d'utiliser l'histoire de son beau-frère sans abri. Tout cela était clair, à l'exception de ce mot incompréhensible : ataxique.

Deux fois, j'entrepris la lecture du roman *Les Cygnes* de Liessossékov, deux fois j'allai jusqu'à la page 45, où je fus obligé de recommencer, parce que j'avais oublié ce qu'il y avait au début. Cela m'effraya sérieusement. Certainement, il y avait quelque chose chez moi qui n'allait pas : j'étais devenu incapable – ou l'avais-je jamais été ? – de comprendre les choses sérieuses. Abandonnant Liessossékov, je m'attelai à Fialkov, et même à Likospastov. Et là, je tombai sur une surprise. En lisant une nouvelle où il était question d'un certain journaliste – le titre était : *Le Locataire forcé* – je reconnus soudain le divan déchiré avec son ressort qui pointait, le buvard sur la table... Autrement dit, le personnage de cette histoire, c'était moi. Mêmes pantalons, même tête enfoncée dans les épaules, même regard farouche... moi, en un mot ! Mais – je le jure sur ce que j'ai de plus précieux – ce portrait de moi est faux. Je ne suis pas du tout rusé, ni cupide, ni retors, ni hypocrite, ni ambitieux et jamais je n'ai débité les absurdités qu'on me fait dire dans ce conte ! À la lecture de cette nouvelle de Likospastov, ma tristesse fut inexprimable. Je décidai cependant de me regarder d'un œil plus sévère, et je suis reconnaissant à Likospastov de m'avoir fait prendre cette décision.

Mais ma tristesse et la pensée de mon imperfection n'étaient rien, à proprement parler, à côté de la conscience – bien plus terrible – de n'avoir rien pu tirer des bouquins des meilleurs écrivains de mon temps, de n'avoir, pour ainsi dire, découvert aucune voie nouvelle, vu aucune lumière briller à l'horizon – la conscience que tout cela, désormais, m'était odieux. Et comme un ver, une affreuse pensée commença à ronger mon cœur : je ne deviendrais jamais un écrivain. Et puis soudain, il me vint une idée plus horrible encore : si j'allais devenir comme Likospastov ? M'enhardissant, j'ajoutai même : ou comme Agapénov ? Ataxique ? Que veut dire ataxique ? Ah ! je vous le jure, tout cela est absurde !

Quand j'avais terminé mes reportages, je passais beaucoup de temps sur mon divan, à lire toutes sortes de livres qui, à mesure que je les achetais, s'accumulaient sur une étagère à montants chromés, ou sur la table, ou simplement par terre, dans le coin de la chambre. Quant à mon œuvre, voici ce que j'en fis : je mis les neuf exemplaires qui restaient et le manuscrit dans le tiroir de la table, fermai celui-ci à clef et jurai que jamais – jamais plus je n'y reviendrais.

Un jour, une tempête de neige me réveilla. Décidément, en ce mois de mars – et bien qu'il touchât à sa fin – le vent et la neige se déchaînaient. Et de nouveau, comme l'autre fois, je m'éveillai en larmes. Quelle faiblesse, ah, quelle faiblesse ! Et de nouveau ce furent les mêmes gens, de nouveau une ville lointaine, le flanc luisant d'un piano, et des coups de feu, et un homme qui s'effondre, terrassé, dans la neige.

Engendrés par mes rêves, tous ces personnages s'étaient échappés des songes qui les avaient fait naître pour venir s'installer avec autorité dans ma cellule. Il était évident qu'il ne me serait pas facile de m'en débarrasser. Mais que faire d'eux ?

Dans les premiers temps, je me contentai de converser avec eux, mais bientôt, je fus obligé d'extraire le roman de son tiroir. Et voilà que chaque soir, je crus voir apparaître sur la page blanche des couleurs et des formes indécises. Je clignai des yeux et, redoublant d'attention, je finis par distinguer une sorte de petit tableau. De plus, ce tableau n'était pas plan, mais à trois dimensions – comme une boîte dont on eût vu le fond à travers les lignes devenues transparentes – une lumière y brûlait et j'y voyais se mouvoir les personnages mêmes que j'avais décrits dans mon roman. Ah ! c'était un jeu fascinant, et je regrettai bien des fois que mon chat ne fût plus de ce monde – de sorte que je n'avais personne à qui montrer ces petits personnages qui, au travers de la feuille de papier, s'agitaient dans une chambre en miniature. Je suis sûr que cet animal eût allongé la patte et se fût mis à gratter la page, et j'imagine la flamme de curiosité qui se fût allumée dans son œil de chat en voyant que sa patte n'avait griffé que des lettres !

Bientôt – avec le temps – la petite scène devint sonore. Maintenant, j'entendais distinctement les sons du piano. Bien sûr, je ne pouvais parler de cela à personne ; il y a tout lieu de penser que, si je l'avais fait, on m'aurait conseillé d'aller voir un médecin. On m'aurait dit aussi que tout simplement, quelqu'un jouait du piano à l'étage au-dessous, et peut-être même aurait-on ajouté que la personne en question jouait *tel* morceau. Mais je n'aurais accordé aucune attention à ces paroles. Non, non ! C'est sur ma table que l'on joue du piano, c'est d'ici même que provient le doux tintement des cordes. Et ce n'est pas tout. Lorsque les bruits de la maison s'éteignent et que personne – plus personne – ne joue d'un instrument quelconque, j'entends venir à travers les hurlements de la tempête les sons tristes et aigres d'un accordéon, auxquels parfois viennent se joindre des voix qui gémissent, gémissent de colère et de peine. Oh non ! ce n'est pas à l'étage au-dessous ! Sinon, pourquoi la petite chambre serait-elle soudain plongée dans l'obscurité, pourquoi verrais-je, au-delà de la plage, se déployer l'immense nuit d'hiver sur le Dniepr, et d'où viendraient ces têtes de chevaux, et, penchées au-dessus d'elles, ces têtes d'hommes coiffées de peau de mouton ? Et je vois luire des sabres affilés, et des sifflements perçants me déchirent l'âme.

Et voici une petite silhouette : un homme qui court, hors d'haleine. Je le suis des yeux à travers la fumée de ma cigarette, puis je me mets à l'observer avec une extrême attention, et voici ce que je vois : derrière le petit personnage, une mince flamme a jailli… un coup de feu… l'homme pousse un bref gémissement étouffé, et tombe à la renverse, comme si on l'avait frappé d'un coup de poignard en plein cœur. Maintenant il reste étendu dans la neige, immobile, et sous sa tête s'étale lentement une flaque noire. Là-haut brille la lune, et dans le lointain luit la guirlande triste des feux rougeoyants d'un village.

On pourrait passer toute sa vie à jouer à ce jeu – regarder à travers la page... Mais comment fixer toutes ces figures ? Comment faire pour qu'elles ne s'en aillent plus nulle part ?

Et une nuit, je résolus de décrire ce qui se passait dans cette boîte mystérieuse. Le décrire – comment ?

Très simplement. Écris ce que tu vois, et ce que tu ne vois pas, ne l'écris pas. Voici : le tableau s'éclaire, se pare de mille couleurs. Me plaît-il ? Extraordinairement. Donc, j'écris : premier tableau. C'est le soir – je le vois – une lampe est allumée sous un abat-jour à franges. Un cahier de musique est ouvert sur le piano. On joue *Faust*. Soudain *Faust* se tait, et l'on entend les premiers accords d'une guitare. Qui joue ? Le voici : il apparaît à une porte, une guitare à la main. Maintenant, je l'entends – il chante. J'écris : « Il chante. »

Oui, c'est vraiment un jeu enchanteur ! Pas besoin d'aller à des soirées, pas besoin non plus d'aller au théâtre.

Pendant trois nuits, je fus tout occupé à jouer avec ce premier tableau, et vers la fin de la troisième nuit, je compris que j'écrivais une pièce.

Au mois d'avril, quand la neige eut disparu de la cour, le premier tableau était achevé. Mes personnages bougeaient, marchaient, parlaient.

À la fin d'avril arriva la lettre d'Iltchine.

Et maintenant que le lecteur connaît l'histoire du roman, je peux reprendre mon récit au moment de ma rencontre avec Iltchine.

8. Le cheval d'or

— Oui, j'ai lu votre roman, répéta Iltchine en clignant de l'œil d'un air rusé et mystérieux.

Je regardais de tous mes yeux mon interlocuteur que l'orage illuminait par instants d'une lueur aveuglante et fugace pour le plonger ensuite dans les ténèbres. Des rafales de pluie battaient la fenêtre. Pour la première fois de ma vie, j'avais devant moi un lecteur.

— Mais comment vous l'êtes-vous procuré ? demandai-je en pensant au roman. Parce que voyez-vous, la revue…

— Vous connaissez Gricha Aïvazovski ?

— Non.

Iltchine leva les sourcils, étonné.

— Gricha dirige la section littéraire de la Cohorte des Amis.

— Et qu'est-ce que c'est que cette Cohorte ? Iltchine fut tellement étonné qu'il attendit un éclair pour mieux m'examiner.

Un éclair jaillit et s'éteignit, et Iltchine continua :

— La Cohorte, c'est un théâtre. Vous n'y êtes jamais allé ?

— Je ne suis allé dans aucun théâtre. Vous comprenez, il n'y a pas longtemps que je suis à Moscou.

Cependant, l'orage avait diminué d'intensité, et la lumière du jour commençait à revenir. Je m'aperçus alors que j'avais fait naître chez Iltchine un étonnement amusé.

— Gricha a été enthousiasmé, me dit-il – je ne sais pourquoi – d'un ton encore plus mystérieux, et il m'a passé la revue. Excellent roman.

Ne sachant pas comment il fallait se comporter en pareil cas, je fis à Iltchine un profond salut.

— Et savez-vous l'idée qui m'est venue ? chuchota Iltchine, en clignant de l'œil gauche, d'une façon de plus en plus énigmatique. Vous devez tirer une pièce de ce roman.

« Le doigt du destin ! » pensai-je, et je dis :

— Vous savez, j'ai déjà commencé à l'écrire.

Cette fois, Iltchine fut stupéfait : il se mit à cligner de l'œil avec énergie tandis que sa main droite allait gratter son oreille gauche. Apparemment, même, il refusa d'abord de croire à une telle coïncidence, mais il surmonta ses propres doutes.

— Magnifique, magnifique ! Vous devez absolument continuer, sans perdre une seconde. Vous connaissez Micha Panine ?

— Non.

— C'est le directeur de notre section littéraire.

— Ah-ah…

Ensuite, Iltchine me dit que, du fait que la revue avait publié seulement le tiers du roman environ, et qu'il voulait à tout prix connaître la suite, il me faudrait lire cette suite sur le manuscrit à lui-même et à Micha, ainsi qu'à Eulampe Pétrovna ; instruit par l'expérience, il ne me demanda pas si je la connaissais, et m'expliqua de lui-même que cette dame était metteur en scène.

Les projets d'Iltchine provoquèrent en moi une grande agitation.

— Vous écrivez votre pièce, et nous, nous la monterons. Voilà qui sera excellent ! Hein ?

Mon cœur battait à grands coups : à cette époque, j'étais constamment enfiévré, comme un homme ivre, par de vagues terreurs, par je ne sais quels funestes pressentiments. Mais Iltchine reprit :

— Et vous savez, il ne faut jurer de rien : on réussira peut-être à convaincre le vieux du premier coup ! Hein ?

Il s'aperçut tout de suite que j'ignorais qui était le vieux. Il ne put s'empêcher alors de hocher la tête, tandis que son regard disait clairement : « Pas possible, c'est un homme des bois ! »

— Ivan Vassiliévitch ! chuchota-t-il. Ivan Vassiliévitch, voyons ! Comment ? Vous ne le connaissez pas ? Le directeur du Théâtre Indépendant, vous n'en avez jamais entendu parler ? Eh bien, eh bien !...

Tout tournait dans ma tête. Le monde qui m'entourait provoquait en moi une émotion inexplicable, comme si je me trouvais soudain placé au milieu d'un décor déjà vu, issu de rêves immémoriaux.

Iltchine et moi sortîmes de la pièce où nous étions et traversâmes une salle où se trouvait une grande cheminée. Cette salle me plut au point de faire naître en moi une véritable ivresse. Le ciel s'était éclairci, et soudain, un rayon de soleil tomba sur le parquet. Ensuite, nous passâmes devant d'étranges portières. Voyant ma curiosité, Iltchine, d'un geste tentateur, me fit signe d'entrer. Le bruit de nos pas s'éteignit, et nous fûmes enveloppés d'un silence et d'une obscurité de catacombes. La main secourable de mon compagnon me tirait en avant, et tout à coup, une lueur artificielle se fit jour par une fente qui s'élargit – c'était Iltchine qui faisait tourner sur ses gonds le battant d'une autre porte – et nous débouchâmes dans une petite salle de spectacle, de trois cents places environ. Au plafond, deux ampoules du lustre étaient allumées et brûlaient faiblement. Le rideau était levé, et les profondeurs solennelles, mystérieuses et vides de la scène béaient devant nous. Les angles étaient noyés de ténèbres, mais au milieu du plateau, jetant des lueurs à peine distinctes, se tenait, dressé sur ses pattes de derrière, un cheval d'or.

— Nous avons relâche, aujourd'hui, chuchota Iltchine d'un ton solennel, comme si nous étions dans un temple ; puis il tourna autour de moi et, me parlant dans l'autre oreille, il reprit : « La pièce aura du succès parmi les jeunes, et c'est ce qu'on peut souhaiter de mieux. Et la salle n'est pas si petite qu'elle en a l'air. En fait, elle est grande, et d'ailleurs, nous faisons toujours salle comble. Et puis, qui sait ? si on tient bon avec le vieux, peut-être que votre pièce sera jouée sur une grande scène ! Hein ? »

« Il me tente », pensai-je, tandis que, sous l'effet des pressentiments, mon cœur tressaillait et battait par à-coups. « Mais pourquoi ne dit-il pas du tout ce qu'il faut dire ? Ces histoires de salles combles n'ont aucune importance ! Ce qui est important, c'est ce cheval d'or – ce qui est prodigieusement intéressant, c'est ce très énigmatique vieillard, dont il faut vaincre l'obstination et à qui il faut faire entendre raison pour que la pièce soit jouée… »

— Ce monde est le mien ! murmurai-je, sans m'apercevoir que je m'étais mis à parler tout seul.

— Hein ?

— Rien, rien, dis-je.

Quand je quittai Iltchine, j'emportais un billet où il avait écrit :

« Très honoré Piotr Pétrovitch,

« Ayez la bonté de faire réserver une place pour *Le Favori* à l'auteur de *La Neige noire*. Je compte sur vous.

« Sincèrement vôtre,

« ILTCHINE. »

— Ça s'appelle un billet de faveur, m'expliqua Iltchine.

Et je quittai l'immeuble avec émotion, emportant pour la première fois de ma vie un billet de faveur.

À dater de ce jour, ma vie fut profondément modifiée. Dans la journée, je travaillais fiévreusement à ma pièce. Cependant, à la lumière du jour, les pages n'engendraient plus de tableaux, et ma petite boîte s'était agrandie considérablement, aux dimensions de la Scène Expérimentale.

Le soir, j'attendais impatiemment l'heure de mon rendez-vous avec le cheval d'or.

Je suis incapable de dire si la pièce *Le Favori* était bonne ou mauvaise. Ce n'était pas cela qui m'intéressait. Mais ce spectacle avait pour moi un charme inexplicable. Dès l'instant où, dans la salle minuscule, les lumières s'éteignaient, une musique se faisait entendre quelque part derrière la scène, et la boîte s'animait de personnages en costumes du dix-huitième siècle. Le cheval d'or se dressait dans un coin de la scène, et parfois, des personnages venaient s'asseoir près de ses sabots levés, ou bien menaient des conversations passionnées près de sa longue tête – et j'étais envahi d'un plaisir délicieux.

Par contre, j'éprouvais un amer regret quand le spectacle se terminait et qu'il me fallait sortir dans la rue. Je désirais ardemment revêtir le même habit que les acteurs, et prendre part à l'action. Par exemple, il me semblait que ce serait très bien de faire soudain irruption sur la scène, le visage enluminé d'un énorme nez d'ivrogne, vêtu d'une jaquette de couleur tabac et tenant dans les mains une badine et une tabatière, et de dire quelque chose d'extrêmement cocasse, que j'inventais à mesure, assis sur mon siège étroit de spectateur. Mais c'étaient les autres qui disaient des choses drôles, inventées par quelqu'un d'autre, et de temps en temps, la salle riait. Jamais rien, ni avant ni après, ne me procura autant de délectation.

Provoquant l'étonnement du sombre et taciturne Piotr Pétrovitch – qui se tenait derrière un guichet portant l'inscription : « Administrateur de la Scène Expérimentale » – j'allais trois fois voir *Le Favori* – la première fois au deuxième rang, la seconde fois au sixième et la troisième fois au onzième. Iltchine continuait à me fournir ponctuellement des recommandations pour des billets de faveur, et je pus voir ainsi une autre pièce, où les acteurs étaient en costumes espagnols et où l'un d'eux jouait son rôle avec tant de drôlerie et de talent que, de plaisir, j'avais le front légèrement en sueur.

Vint le mois de mai, et un soir, nous nous trouvâmes réunis, Eulampe Pétrovna, Micha, Iltchine et moi. Nous nous installâmes dans un étroit salon, toujours dans l'immeuble de la Scène Expérimentale. La fenêtre, déjà ouverte, laissait monter jusqu'à nous les bruits de la ville.

Eulampe Pétrovna était une dame majestueuse, avec un visage majestueux encadré de pendentifs de diamant. Quant à Micha, ce fut son rire qui m'étonna le plus. Il se mettait à rire de façon tout à fait inattendue – « Ha ! ha ! ha ! » – et les autres s'arrêtaient alors de parler, attendant qu'il ait fini. Et lorsqu'il avait fini, il se taisait soudainement, et il paraissait tout d'un coup plus vieux.

« Comme son regard est lugubre, me dis-je, cédant au plaisir morbide que j'avais toujours à laisser courir mon imagination. Je comprends : il a naguère tué en duel un de ses amis, à Piatigorsk, et maintenant, le mort vient le visiter la nuit, il le salue doucement de la tête, par la fenêtre, au clair de lune. » Micha me plaisait beaucoup.

Micha, Iltchine et Eulampe Pétrovna firent preuve d'une patience peu commune, et je leur lus d'une traite le tiers du roman qui suivait immédiatement la partie publiée. Puis, soudain pris d'un remords de conscience, je m'arrêtai et leur dis que cela suffisait, que toute l'histoire était maintenant compréhensible. Il était tard.

Mes auditeurs eurent alors entre eux une conversation, mais bien qu'ils parlassent russe, je n'en compris pas un mot.

Micha avait l'habitude, quand il discutait, de parcourir la pièce en tous sens, en s'arrêtant parfois brusquement.

— Ossip Ivanovitch ? demanda doucement Iltchine, en clignant de l'œil.

— Non, non, répondit Micha, et soudain il se mit à rire.

Puis il se souvint de celui qu'il avait tué, et de nouveau, son visage parut vieilli.

— En général, les anciens… commença Iltchine.

— Je ne pense pas, grommela Micha.

Puis Eulampe Pétrovna :

— Vous savez bien qu'avec ceux de Galine seulement… quant à une aide extérieure, ce n'est pas très…

— Pardon, interrompit Micha avec un geste énergique, il y a longtemps que je répète que la question doit être posée au théâtre !

— Et à Sivtsev Vrajek ? demanda Eulampe Pétrovna.

— Et l'Inde, on ne sait pas non plus ce qu'elle pense de l'affaire…

— Au fond, il vaudrait mieux tout monter d'abord, murmura Iltchine. Ainsi, ils démarreront avec toute la musique.

— Sivtsev Vrajek ! trancha Eulampe Pétrovna d'un air hautement significatif.

À ce moment, ils durent lire sur mon visage l'expression d'un complet désespoir, car ils mirent fin à leur incompréhensible discussion et se tournèrent vers moi.

— Nous vous prions instamment, Serguéi Léontiévitch, dit Micha, de terminer votre pièce pour le mois d'août, au plus tard… Il est extrêmement important que nous puissions la mettre en lecture avant le début de la saison.

Je ne me souviens pas comment se termina le mois de mai. Juin s'est également effacé de ma mémoire, mais je me rappelle juillet. D'abord, il fit une chaleur inhabituelle. Je restais nu, et je travaillais à ma pièce simplement enveloppé dans un drap. Mais plus j'avançais, plus ma tâche devenait difficile. Ma petite boîte s'était tue depuis longtemps, les pages de mon roman s'étaient éteintes et il gisait dans un coin, mort, comme délaissé. Les petits personnages colorés ne venaient plus s'agiter sur ma table, personne ne me venait en aide. J'avais désormais devant les yeux la Scène Expérimentale tout entière, et mes héros, qui avaient grandi, y entraient tout à leur aise et avec joie, mais visiblement ils se trouvaient si bien près du cheval d'or qu'ils n'avaient pas la moindre envie d'aller ailleurs, et les événements se développaient sans qu'on pût en voir la fin. Puis la chaleur diminua, et la carafe où je buvais de l'eau bouillie resta vide, avec une mouche qui nageait dans les quelques gouttes laissées au fond. Il y eut quelques pluies, et ce fut le mois d'août. Je reçus alors une lettre de Micha Panine, qui me demandait des nouvelles de la pièce.

Je rassemblai tout mon courage, et cette nuit-là, je mis fin au cours des événements. La pièce avait treize tableaux.

9. Commencement

En levant la tête, je vis au-dessus de moi une sphère d'un blanc mat remplie de lumière, à côté, dans une vitrine, une couronne d'argent de dimensions colossales, avec des rubans et une inscription : « Au Théâtre Indépendant, Souvenir affectueux des… (le mot manquait) Assermentés de Moscou », et devant moi, des visages souriants d'acteurs, qui semblaient changer d'expression à chaque instant.

Les profondeurs du théâtre étaient silencieuses, mais de temps à autre, on entendait un chœur mélancolique, puis une sorte de rumeur indistincte, comme aux bains. Là-bas se déroulait le spectacle, pendant que je lisais ma pièce.

J'essuyais constamment mon front avec mon mouchoir, et à chaque fois que je levais les yeux, je voyais devant moi un homme épais et trapu, soigneusement rasé mais doté d'une abondante chevelure. Il était resté près de la porte et ne me quittait pas des yeux, avec l'air de réfléchir à quelque chose.

Lui seul est demeuré dans mon souvenir. Tout le reste s'est fondu en un amalgame d'impressions lumineuses et changeantes. La couronne non plus n'a pas changé, et c'est elle qui m'a laissé le souvenir le plus net.

Telle fut cette séance de lecture, qui eut lieu non pas à l'Annexe Expérimentale, mais au Théâtre Indépendant lui-même.

Lorsque je me retrouvai dehors, dans la nuit, je me retournai pour voir où j'étais. C'était le centre de la ville. À côté du théâtre, il y avait un magasin de comestibles, et en face, une boutique de « bandages et corsets ». De l'autre côté se trouvait une maison tout à fait ordinaire, qui ressemblait un peu à une tortue, et qu'éclairaient des lampadaires de forme cubique, à verres dépolis.

Le lendemain, dans le crépuscule de l'automne, je visitai l'intérieur de cette maison. Je me rappelle que je marchais sur un tapis de drap épais, semblable à celui qu'on utilise pour les capotes de soldats, que je tournais autour de ce qui me semblait être une salle de spectacle, et qu'une foule considérable allait et venait autour de moi. C'était le début de la saison.

Foulant toujours le tapis silencieux, je pénétrai dans un cabinet meublé de façon extrêmement agréable, où je trouvai un homme d'un certain âge, d'aspect aimable, le visage rasé et les yeux pleins de gaieté. Il présidait le comité de lecture des nouvelles pièces, et s'appelait Anton Antonovitch Kniajévitch.

Au mur, au-dessus du bureau de Kniajévitch, était accroché un tableau aux couleurs vives et joyeuses ; je me souviens qu'on y voyait un rideau de scène à glands ponceau, et derrière, un riant jardin aux tons vert tendre…

— Ah, camarade Maksoudov ! s'écria Kniajévitch avec affabilité, en penchant la tête de côté. Nous vous attendions, nous vous attendions ! Mais je vous en prie humblement, asseyez-vous, asseyez-vous !

Je m'assis dans un excellent fauteuil de cuir.

— J'ai entendu, j'ai entendu votre piè-èce, dit Kniajévitch en souriant, et – je ne sais pourquoi – en écartant les bras. Une piè-èce magnifique ! Certes, nous n'avons jamais rien monté de ce genre, mais celle-ci, nous la prenons, oui, et nous la monterons, nous la monterons…

Et plus Kniajévitch parlait, plus ses yeux devenaient gais.

— … et vous deviendrez épouvantablement riche ! continua-t-il. Vous roulerez carrosse ! Oui, carrosse !

« Ce Kniajévitch est plus compliqué qu'il n'en a l'air », pensai-je soudain.

Et à mon propre étonnement, plus Kniajévitch devenait gai, plus je me sentais tendu.

Il me dit encore quelques mots, puis il sonna.

— Nous allons vous conduire tout de suite à Gabriel Stépanovitch, directement, nous allons en quelque sorte vous remettre entre ses mains, entre ses mains !

C'est un homme admirable, notre Gabriel – notre Stépanytch... Il ne ferait pas de mal à une mouche ! À une mouche !

Mais l'homme qui entra, appelé par le coup de sonnette – un homme vêtu d'une vareuse à parements verts – s'exprima ainsi :

— Ces messieurs Gabriel Stépanovitch ne sont pas encore arrivés au théâtre.

— S'il n'est pas arrivé, il arrivera, répondit Kniajévitch toujours joyeux. Avant une demi-heure, il sera là ! Et vous, en attendant que l'affaire se fasse, eh bien, promenez-vous dans le théâtre, admirez, amusez-vous, buvez du thé au buffet, avec des sandwiches, et n'épargnez pas les sandwiches, hein, vous offenseriez notre Ermolaï Ivanovitch, qui tient le buffet.

J'allai donc me promener dans le théâtre. Marcher sur le tapis de drap me procurait un véritable plaisir physique, de même que me réjouissaient la demi-obscurité et le calme qui régnaient partout.

Je fis dans la pénombre une nouvelle connaissance. Un homme de mon âge à peu près, grand et maigre, s'approcha de moi et se présenta :

— Piotr Bombardov.

Bombardov était un acteur du Théâtre Indépendant. Il me dit qu'il avait entendu ma pièce et qu'à son avis, c'était une bonne pièce.

Je ne sais pourquoi, mais je me sentis tout de suite en sympathie avec Bombardov. Il me fit l'effet d'un homme très intelligent et d'un remarquable observateur.

— Voulez-vous voir notre galerie de portraits, au foyer ? demanda courtoisement Bombardov.

Je le remerciai, et nous entrâmes dans l'immense foyer, dont le parquet était recouvert du même tapis gris. Les murs et les trumeaux étaient couverts de portraits et de photographies agrandies, dans des cadres ovales de bois doré.

Dans le premier cadre, le portrait à l'huile d'une femme d'une trentaine d'années, le front recouvert d'une frange bouffante et la gorge découverte, nous regardait avec des yeux extatiques.

— Sarah Bernhardt, dit Bombardov.

À côté du portrait de la célèbre actrice était placée la photographie d'un homme à moustaches.

— André Pakhomovitch Sébastianov, chef de l'éclairage du théâtre, dit Bombardov avec la même courtoisie.

Le voisin de Sébastianov, je le reconnus. C'était Molière.

Après Molière venait une dame qui portait un tout petit chapeau en forme de soucoupe, posé de côté, un châle agrafé en pointe sur la poitrine, et qui tenait à la main, en écartant le petit doigt, un mouchoir de dentelle.

— Ludmila Sylvestrovna Priakhina, une actrice de notre théâtre, dit Bombardov – et je crus voir une lueur passer dans ses yeux.

Mais, après m'avoir regardé de côté, il n'ajouta rien.

— Pardon, mais qui est celui-ci ? demandai-je étonné en désignant un homme au visage cruel dont les cheveux frisés étaient ceints d'une couronne de laurier.

L'homme était vêtu d'une toge et tenait une lyre à cinq cordes.

— L'empereur Néron, dit Bombardov, et de nouveau une lueur fugitive passa dans ses yeux.

— Mais pourquoi ?...

— Par ordre d'Ivan Vassiliévitch, dit Bombardov, dont le visage resta impassible. Néron était un chanteur et un artiste.

— Ah bon, bon...

Après Néron venait Griboïédov, puis Shakespeare, le cou pris dans un col rabattu amidonné, puis une tête inconnue – un certain Plissov, chef machiniste du théâtre pendant quarante ans.

Ensuite venaient Motchalov, Givochini, Goldoni, Beaumarchais, Stassov, Schepkine, Maeterlinck. Puis je fus arrêté par un shako de uhlan crânement posé sur une figure de grand seigneur aux moustaches cirées, avec des épaulettes de général de cavalerie, une veste à revers rouges et des cartouchières de poitrine.

— C'est le défunt général-major Claude Alexandrovitch Komarovski Echappart de Bioncourt, commandant le régiment des Lanciers de la Garde de Sa Majesté.

Voyant mon vif intérêt, Bombardov reprit :

— Son histoire est tout à fait extraordinaire. Une fois, il était venu de Piter[1] pour passer un jour ou deux à Moscou. Il avait dîné chez Testov, et le soir, il était venu à notre théâtre. Naturellement, il était assis au premier rang, et il regardait... je ne me rappelle plus quelle pièce on jouait, mais les témoins ont raconté que pendant une scène qui se passait dans une forêt, il était arrivé quelque chose de bizarre au général... Vous voyez : la forêt au coucher du soleil, les oiseaux qui lancent leurs derniers chants avant de s'endormir, et, dans un village éloigné, le tintement de l'angélus du soir... et des gens voient le général s'essuyer les yeux avec un mouchoir de batiste. Aussitôt après le spectacle, il se rend tout droit au cabinet d'Aristarque Platonovitch. L'ouvreur a raconté ensuite que le général, en entrant dans le cabinet, s'était écrié d'une voix sourde mais terrible : « Apprenez-moi ce que je dois faire ! » Et là-dessus, Aristarque Platonovitch et lui s'étaient enfermés...

— Excusez-moi, mais qui est Aristarque Platonovitch ? demandai-je.

Bombardov me regarda avec surprise, mais aussitôt il effaça de son visage cette expression d'étonnement et m'expliqua :

1. Saint-Pétersbourg. *(N.d.T.)*

— À la tête de notre théâtre, il y a deux directeurs : Ivan Vassiliévitch et Aristarque Platonovitch. Mais – pardonnez-moi – vous n'êtes pas de Moscou ?

— Non, je… non. Mais continuez, je vous en prie.

— … ils se sont donc enfermés. Ce qu'ils se sont dit, personne ne le sait, mais ce qu'on sait, c'est que la nuit même, le général a envoyé à Pétersbourg le télégramme suivant :

« À Sa Majesté. Ayant ressenti la vocation de devenir acteur du Théâtre Indépendant de Votre Majesté, j'ai l'honneur de Lui demander, en L'assurant de mon entier dévouement, ma mise à la retraite immédiate. Komarovski-Bioncourt. »

Avec une exclamation de surprise, je demandai :

— Et que s'est-il passé ?

— Ha ! Il en est résulté une telle compote que c'en est une merveille ! répondit Bombardov. Alexandre III a reçu le télégramme à deux heures du matin. On l'a réveillé spécialement pour le lui remettre. Il était en linge de corps, barbu, avec sa croix autour du cou… Il dit : « Donnez-moi cela ! Que veut-il, mon Echappart ? » Il lit le télégramme, et pendant deux minutes, il reste sans voix ; seulement, il est tout rouge, et il renifle avec force. Puis il dit : « Donnez-moi un crayon ! » et sur le télégramme, il écrit : « Que cet homme ne reparaisse jamais à Pétersbourg. Alexandre. » Et il se recouche. Et le lendemain le général, en jaquette et pantalon rayé, se présentait directement à la répétition. Bien sûr, on lui a appris avec ménagement la décision du Tsar. Et après la révolution, le télégramme a été remis au théâtre. Vous pouvez le voir dans notre collection de curiosités.

— Et le général, quels rôles jouait-il ? demandai-je.

— Des rôles d'empereurs, de généraux, de valets de chambre dans des grandes maisons... Nous avons joué beaucoup d'Ostrovski, avec ces personnages de marchands, vous savez... et puis, pendant longtemps, *La Puissance des Ténèbres*... Naturellement, nous avons nos manières, vous le comprenez bien... et lui, il connaissait tout sur le bout du doigt, comment mettre un châle sur les épaules d'une dame, comment servir le vin, il parlait français à la perfection, mieux que les Français... Et puis, il avait encore une passion : il aimait à la folie imiter les oiseaux derrière la scène. Quand il y avait une pièce ou une scène qui se passait à la campagne, au printemps, il venait toujours s'asseoir dans la coulisse, sur les barreaux d'une échelle, et il sifflait des trilles de rossignol. Étrange histoire, hein ?

— Non, je ne suis pas d'accord avec vous ! m'écriai-je avec chaleur. On est tellement bien dans votre théâtre, que si j'avais été à la place du général, j'aurais fait exactement comme lui...

— Là vous avez Karatyguine, la Taglioni, continua Bombardov en me conduisant d'un portrait à l'autre – Catherine II, Caruso, Théophane Prokopovitch,

Igor Sévérianine, Battistini, Euripide, Bobyliéva, chef des habilleuses...

À ce moment, l'un des hommes à parements verts accourut au foyer d'un petit trot silencieux et fit savoir en chuchotant que ces messieurs Gabriel Stépanovitch étaient arrivés au théâtre. Bombardov s'interrompit aussitôt et me donna une solide poignée de main, qu'il accompagna à mi-voix de ces paroles énigmatiques :

— Soyez ferme.

Après quoi il disparut dans la pénombre.

Je suivis alors l'homme aux parements verts, qui marchait devant moi en se balançant comme un cheval à l'amble et qui, de temps à autre, se retournait pour me faire signe de le suivre, avec un sourire douloureux.

Sur les murs du large couloir circulaire que nous longions apparaissaient de place en place, tous les dix pas à peu près, des inscriptions lumineuses qui disaient : « Silence ! On répète. »

Au bout du couloir, un homme à lorgnon d'or et à parements verts, lui aussi, était assis dans un fauteuil ; voyant que j'étais accompagné, il sauta sur ses pieds et lança, en contraignant sa voix tonitruante à n'être qu'un murmure : « Soyez le bienvenu ! » En même temps, il écartait d'un geste large une lourde portière où était brodé en lettres d'or le monogramme du théâtre : « T . I . »

Et je me trouvai sous une tente. Du centre du plafond, où brillait une lanterne de cristal, s'irradiaient les plis d'une tenture de soie verte qui retombait le long des murs. Les meubles eux-mêmes étaient capitonnés de soie. Une autre portière nous découvrit une porte vitrée de verre dépoli. Mon nouveau guide – l'homme au pince-nez – ne s'en approcha pas, mais me fit un geste qui signifiait « veuillez frapper » – et disparut.

Je frappai doucement et posai la main sur une poignée argentée en forme de tête d'aigle. Un ressort à air comprimé émit un léger sifflement, et la porte s'ouvrit. J'allai donner de la tête dans une nouvelle portière où je m'empêtrai un moment avant de pouvoir la rejeter de côté…

Bientôt – très bientôt ! – je ne serai plus de ce monde. J'y suis résolu, bien que j'en éprouve une certaine terreur… Mais à l'instant de ma mort je me souviendrai du cabinet où me reçut le directeur administratif du théâtre, Gabriel Stépanovitch. À peine étais-je entré que, d'une immense horloge qui occupait le coin gauche de la pièce, s'élevaient les sons délicats et frêles d'un menuet.

Mes yeux furent d'abord vivement impressionnés par diverses lumières. La première était une lueur verte qui venait d'une table de travail – plutôt d'une sorte de bureau ou de secrétaire – en réalité d'un étrange édifice aux formes prodigieusement compliquées, avec des dizaines de tiroirs, des casiers verticaux pour les lettres, une autre lampe montée sur une tige souple de métal argenté, un allume-cigare électrique…

Ce monument de palissandre émettait ses propres reflets – rouges comme les sombres lueurs de l'enfer. La table portait trois appareils téléphoniques. Une minuscule lumière blanche venait d'une petite table où étaient posés un quatrième appareil téléphonique, une machine à écrire étrangère, très plate, et une pile de papier à tranche dorée, aux armes du Théâtre Indépendant. Cette petite lumière était un reflet de l'éclairage du plafond.

Là aussi, le parquet était recouvert de drap, mais d'un drap aussi fin que celui d'un billard. En outre, on avait étalé par-dessus un tapis couleur cerise d'une remarquable épaisseur, à moitié occupé par un divan de dimensions colossales, chargé de coussins et flanqué d'un narghileh ottoman. Au-dehors, c'était le centre de la capitale, et il faisait grand jour, mais aucun bruit de l'extérieur, aucun rayon de soleil ne pénétraient par la fenêtre, hermétiquement calfeutrée par le triple repli d'une tenture. Ici régnait perpétuellement la nuit – nuit lumineuse à l'odeur de cuir, de cigare et de parfums, nuit riche de pensées et de méditations, dont la chaleur est une caresse pour les mains et le visage.

Les murs étaient recouverts de panneaux de maroquin frappés du monogramme d'or du théâtre. Sur l'un d'eux était accrochée une grande photographie, qui représentait un homme à la chevelure artistique, au regard perçant derrière la fente mince des paupières, à la moustache torsadée en pointes, et dont la main tenait une lorgnette. Je devinai qu'il s'agissait d'Ivan Vassiliévitch ou d'Aristarque Platonovitch, mais lequel des deux, je l'ignorais.

D'un rapide demi-tour de son tabouret à vis, un petit homme me fit face, montrant son visage orné d'une barbiche à la française et de moustaches retroussées en pointes vers ses yeux.

— Maksoudov, dis-je.

— Excusez-moi, répondit le nouveau personnage d'une voix de ténor haut perchée, en me montrant d'un geste qu'il se proposait de finir de lire un papier...

... et il finit de lire son papier, laissa retomber son lorgnon au bout d'un lacet noir, frotta ses yeux fatigués et, tournant définitivement le dos à son bureau, se mit à me dévisager sans rien dire. Il me regardait directement et franchement dans les yeux, m'étudiant longuement et attentivement, comme on le ferait de quelque mécanisme récemment acquis. Et, loin de cacher qu'il m'étudiait, il plissa même les paupières pour mieux m'observer. Je détournai les yeux, mais sans succès, de sorte que je commençai à m'agiter sur le divan où j'étais assis... Finalement, je me dis : « Hé-hé-hé... », et à mon tour – non sans effort pénible, il est vrai – je fixai mon regard droit dans les yeux de l'homme. En même temps, sans savoir pourquoi, j'éprouvai un vague ressentiment à l'égard de Kniajévitch.

« C'est vraiment bizarre, pensai-je, ou bien ce Kniajévitch est aveugle… pas de mal à une mouche ? voire ! rien de moins sûr !… Ce regard métallique, ces petits yeux profondément enfoncés, et en eux, cette volonté de fer, cette audace diabolique, cette résolution inexorable… et cette barbiche à la française… pas de mal à une mouche ? et pourquoi ?… Cet homme est la réplique sinistre du chef des mousquetaires chez Dumas… Comment s'appelait-il, déjà ? J'ai oublié, que le diable l'emporte ! »

Ce silence prolongé devenait intolérable, et Gabriel Stépanovitch le rompit le premier. Sans raison apparente, il fut pris d'une légère hilarité, et, d'un geste soudain, il me pressa le genou.

— Eh bien, nous allons donc signer notre petit contrat ? dit-il.

Demi-tour à gauche sur le tabouret, puis demi-tour à droite, et une formule de contrat se trouvait entre les mains de Gabriel Stépanovitch.

— Seulement voilà : je ne sais pas si je puis signer sans l'accord d'Ivan Vassiliévitch… dit Gabriel Stépanovitch en jetant un coup d'œil involontaire vers le portrait.

« Ah, ah, maintenant, grâce à Dieu, je sais, pensai-je. C'est lui, Ivan Vassiliévitch... »

— Est-ce que cela vous ennuierait que... ? continua Gabriel Stépanovitch. À moins que cela ne vous...

Et il sourit avec bienveillance.

À ce moment, la porte s'ouvrit sans qu'on eût frappé, la tapisserie s'écarta, et nous vîmes entrer une dame au visage imposant, de type caucasien, qui me regarda. Je m'inclinai vers elle, en disant :

— Maksoudov.

La dame me serra la main énergiquement, comme un homme, et répondit :

— Augusta Ménajraki.

Puis elle s'assit sur un tabouret, tira d'une petite poche de son chandail vert un fume-cigarette d'or, alluma une cigarette et se mit tranquillement à taper à la machine.

Je lus le contrat, et – je le dis sincèrement – je n'y compris rien et n'essayai même pas de comprendre.

J'avais envie de dire : « Jouez ma pièce, pour moi, je n'ai besoin de rien, sinon qu'on m'accorde le droit de venir ici chaque jour et de passer deux heures sur ce divan, à respirer le parfum de miel du tabac, à écouter sonner l'horloge, et à rêver. »

Mais heureusement, je ne dis rien.

Je me rappelle que dans le contrat, revenaient souvent les mots : « Au cas où » et « Attendu que », et que chaque alinéa commençait par les mots : « L'auteur n'a pas le droit de... ».

L'auteur n'a pas le droit de communiquer sa pièce à un autre théâtre de Moscou.

L'auteur n'a pas le droit de communiquer sa pièce à un théâtre de la ville de Leningrad, quel qu'il soit.

L'auteur n'a pas le droit de communiquer sa pièce à aucune ville de la République socialiste fédérative des Soviets de Russie.

L'auteur n'a pas le droit de communiquer sa pièce à aucune ville de la République socialiste soviétique d'Ukraine.

L'auteur n'a pas le droit de faire imprimer sa pièce.

L'auteur n'a pas le droit de réclamer au théâtre... j'ai oublié quoi (alinéa 21).

L'auteur n'a pas le droit de protester contre... je ne sais plus quoi non plus.

Un alinéa, cependant, rompait l'uniformité de ce document : l'alinéa 57. Il commençait par les mots : « L'auteur est tenu de... » Selon cet alinéa, l'auteur était tenu de « faire subir à sa pièce, sur-le-champ et sans restriction, toutes corrections, modifications, additions ou suppressions nécessaires, au cas où soit la direction, soit une commission, une administration, une organisation ou une corporation quelconque, soit des personnes habilitées et revêtues des pouvoirs de droit, viendraient à les exiger, et ce, sans pouvoir réclamer aucune rétribution autre que celles prévues à l'alinéa 15 ».

En me reportant à cet alinéa, je constatai qu'après le mot « rétribution », il n'y avait rien. Je soulignai cette place vide d'un coup d'ongle interrogateur.

— Et quelle rétribution considéreriez-vous comme acceptable ? demanda Gabriel Stépanovitch sans me quitter des yeux.

— Anton Antonovitch Kniajévitch m'a dit qu'on me donnerait deux mille roubles... répondis-je.

Mon interlocuteur acquiesça d'un signe de tête.

— C'est cela, prononça-t-il lentement, et après un silence, il ajouta : Ah ! l'argent, l'argent ! Que de maux dans le monde à cause de l'argent ! Nous ne pensons tous qu'à l'argent. Mais l'âme, qui pense à l'âme ?

J'avoue que je ne sus que répondre, car ma pénible existence m'avait fait perdre complètement l'habitude de ce genre d'aphorismes... Je pensai : « Après tout, qui sait ? Kniajévitch a peut-être raison... c'est simplement moi qui suis devenu endurci, et méfiant... » Pour respecter les convenances, je poussai un soupir, auquel mon interlocuteur répondit lui aussi par un soupir, puis, soudain, en contradiction flagrante avec son soupir, il me lança un clin d'œil égrillard en chuchotant sur un ton d'intimité :

— Quatre cents petits roubles ? Hein ? Rien que pour vous, hein ?

Je dois reconnaître que je fus amèrement déçu. Le fait est que je n'avais plus un kopeck, et que je comptais sérieusement sur ces deux mille roubles.

— Vous pourriez peut-être me donner mille huit cents ? demandai-je. Kniajévitch m'a dit...

— Kniajévitch recherche la popularité, répondit âprement Gabriel Stépanovitch.

À ce moment, on frappa à la porte, et un homme à parements verts apporta un plateau recouvert d'une serviette blanche. Le plateau contenait une cafetière d'argent, un pot à lait, deux tasses de porcelaine de couleur orange à l'extérieur et dorées à l'intérieur, deux tartines de caviar noir en grains, deux tartines de fines tranches d'esturgeon orangées et translucides, deux sandwiches au fromage et deux au rosbif froid.

— Vous avez porté le paquet à Ivan Vassiliévitch ? demanda Augusta Ménajraki au nouveau venu.

Celui-ci changea de visage et inclina dangereusement le plateau.

— Je... il fallait que j'aille au buffet, Augusta Avdéïevna. C'est Ignoutov qui a emporté le paquet, dit-il.

— Ce n'est pas à Ignoutov que j'ai dit de le faire, mais à vous, répliqua Augusta Ménajraki. Porter des paquets à Ivan Vassiliévitch, ce n'est pas l'affaire d'Ignoutov. Ignoutov est bête, il va tout embrouiller, et il ne saura pas dire ce qu'il faut... Le résultat, c'est que vous allez faire monter la température d'Ivan Vassiliévitch. C'est ça que vous voulez ?

— Il veut le tuer, dit froidement Gabriel Stépanovitch.

L'homme au plateau eut un faible gémissement et fit choir une petite cuiller.

— Et où était Pakine, pendant que vous alliez traînailler au buffet ? demanda Augusta Avdéïevna.

— Pakine était parti chercher une voiture, expliqua l'autre. Moi, je me suis dépêché d'aller au buffet, et j'ai dit à Ignoutov : cours chez Ivan Vassiliévitch...

— Et Bobkov ?

— Bobkov était parti chercher des billets.

— Posez ça là ! dit Augusta Avdéïevna en appuyant sur un bouton, ce qui fit surgir du mur le panneau d'une table pliante.

Avec joie, l'homme aux parements verts posa le plateau, se retira à reculons jusqu'à la tenture qu'il écarta sans se retourner, poussa la porte du pied et disparut.

— L'âme ! pensez à l'âme, Klioukvine ! lui lança Gabriel Stépanovitch.

Puis, se tournant vers moi il me glissa, du même ton confidentiel :

— Quatre cent vingt-cinq ? non ?

Augusta Avdéïevna mordit dans une tartine, en même temps qu'elle se remettait à taper, d'un doigt.

— Mille trois cents, peut-être ? Cela me gêne de vous demander ça, mais à vrai dire, je ne suis pas en fonds en ce moment, et j'ai le tailleur à payer...

— C'est ce costume-là qu'il vous a fait ? demanda Gabriel Stépanovitch en montrant mon pantalon.

— Oui.

— Il est aussi mal fait que possible ! remarqua Gabriel Stépanovitch. Ce tailleur est un coquin. Envoyez-le promener !

— Mais voyez-vous, je...

— Chez nous, reprit Gabriel Stépanovitch avec embarras, il n'y a pas de précédent, en quelque sorte, que nous ayons donné de l'argent aux auteurs à la signature du contrat. Mais pour vous... disons quatre cent vingt-cinq.

— Mille deux cents, dis-je d'une voix plus ferme. Je ne peux pas m'en sortir à moins... des circonstances difficiles...

— Et vous n'avez pas essayé de jouer aux courses ? demanda avec compassion Gabriel Stépanovitch.

— Non, répondis-je d'un air contrit.

— Un de nos acteurs a eu lui aussi des ennuis. Eh bien, il est allé aux courses, et figurez-vous qu'il a gagné mille cinq cents roubles. Mais ne nous demandez pas d'argent, ça n'a pas de sens. Je vous le dis en ami : si vous avez trop d'argent, vous vous perdrez ! Ah, l'argent ! À quoi sert-il donc ! Tenez, moi, je n'en ai pas, et si vous saviez comme j'ai l'âme en paix, et légère…

Et Gabriel Stépanovitch retourna ses poches, où effectivement il n'y avait pas d'argent, mais seulement un porte-clefs au bout d'une chaînette.

— Mille, dis-je.

— Ah, perdu pour perdu ! s'écria avec douleur Gabriel Stépanovitch. Tant pis même si ensuite, je suis puni, mais je vais vous donner cinq cents roubles. Signez !

Je signai le contrat, et Gabriel Stépanovitch m'expliqua que l'argent qu'on allait me donner constituait une avance, dont je devrais m'acquitter sur le bénéfice que je tirerais des premières représentations. Il fut convenu que je toucherais aujourd'hui soixante-quinze roubles, cent roubles après-demain, encore cent samedi, et le reste le 14 du mois.

Mon Dieu ! Comme la rue me parut triste et prosaïque après le cabinet de Gabriel Stépanovitch ! Il tombait une pluie fine. Une carriole chargée de bois mort s'était coincée sous une porte cochère, et le charretier criait d'une voix affreuse après son cheval. Les gens passaient avec un visage que le temps rendait maussade. Je me hâtai de rentrer chez moi, en m'efforçant de ne pas voir ces tableaux d'une affligeante vérité. Le bienheureux contrat était serré contre mon cœur.

Dans ma chambre, je trouvai mon ami (voir l'histoire du revolver).

D'une main mouillée, je tirai de mon sein le contrat et je m'écriai :

— Lisez ça !

Mon ami lut le contrat, et à mon grand étonnement, il se fâcha contre moi.

— Qu'est-ce que c'est que ce torchon ? Et vous, tête de linotte, vous avez signé ça ? me demanda-t-il.

— On voit que vous ne connaissez rien dans les choses du théâtre, dis-je en me fâchant à mon tour, alors taisez-vous !

— « L'auteur est tenu de, l'auteur est tenu de » ! Qu'est-ce que ça veut dire ? Et eux, est-ce qu'ils sont tenus de quoi que ce soit ? grogna mon ami.

Je me mis à lui raconter avec chaleur ce qu'était la galerie des portraits, et quel homme sincère était Gabriel Stépanovitch, je lui parlai de Sarah Bernhardt et du général Komarovski. Je voulus rendre le tintement du menuet de l'horloge, la vapeur qui montait du café, le silence féerique des pas sur le tapis de drap, mais l'horloge était dans ma tête, je voyais le fume-cigarette d'or, et les lueurs infernales dans le radiateur électrique, et même l'empereur Néron, mais j'étais incapable de rendre tout cela.

— Et c'est Néron, sans doute, qui établit leurs contrats ? ironisa mon ami d'un air agressif.

— Vous alors ! m'écriai-je, et je lui arrachai la feuille.

Là-dessus, nous décidâmes de dîner, et nous envoyâmes le jeune frère de Doussia en commissions. La fine pluie d'automne continuait de tomber. Comme ce beurre et ce jambon furent délicieux ! Minutes de bonheur !

Le climat de Moscou est connu par son caractère capricieux. Le surlendemain, il fit une journée splendide, chaude comme en été. Je me rendis en hâte au Théâtre Indépendant. J'éprouvais un sentiment de plaisir, et je me réjouissais à l'avance des cent roubles que j'allais toucher, quand, en m'approchant du théâtre, je vis sur le mur une modeste affiche, où je lus :

Répertoire de la nouvelle saison :

Eschyle – *Agamemnon.*
Sophocle – *Philoctète.*
Lope de Vega – *L'Étoile de Séville.*
Shakespeare – *Le Roi Lear.*
Schiller – *La Pucelle d'Orléans.*
Ostrovski – *Pas de ce monde.*
Maksoudov – *La Neige noire.*

La bouche ouverte, je restai planté sur le trottoir, et je m'étonne aujourd'hui qu'on ne m'ait pas volé mon portefeuille à ce moment-là. Des gens me heurtaient, grommelaient des choses plus ou moins désagréables, mais je restais sur place à contempler l'affiche. Ensuite je m'écartai un peu, dans l'intention de voir quelle impression l'affiche produisait sur les passants.

Je me rendis compte bientôt qu'elle n'en produisait aucune. Mis à part trois ou quatre personnes qui y jetèrent un coup d'œil, on peut dire que nul ne s'arrêta pour la lire.

Mais cinq minutes ne s'étaient pas écoulées que j'étais payé de mon attente au centuple. Dans le flot des passants, je vis soudain se détacher très nettement la grosse tête de Iégor Agapénov. Il se dirigeait vers le théâtre avec toute une suite, dans laquelle s'était faufilé l'inévitable Likospastov, avec une pipe entre les dents, et qui comprenait également un inconnu doté d'une grosse figure sympathique. En queue du cortège trottait un Cafre, qui portait un extraordinaire manteau d'été de couleur jaune, mais – on ne sait pourquoi – pas de chapeau. Je m'enfonçai dans une niche occupée par une statue aux yeux aveugles.

Le groupe arriva près de l'affiche et s'arrêta. Je ne sais comment décrire ce qui se passa chez Likospastov. Il s'était arrêté le premier et s'était mis à lire. Un sourire jouait encore sur son visage, et ses lèvres finissaient d'articuler les derniers mots d'une quelconque anecdote. « Il arrive maintenant à *L'Étoile de Séville*... » pensai-je. Et soudain Likospastov devint blême et parut vieillir d'un seul coup. Son visage exprimait une horreur non feinte.

Agapénov lut l'affiche à son tour et se contenta de dire : « Hm, hm... »

L'inconnu à la grosse figure, les yeux mi-clos, paraissait réfléchir... « Il cherche à se rappeler où il a entendu mon nom !... »

Le Cafre demanda en anglais à ses compagnons ce qu'ils avaient vu. Agapénov dit : « Affiche, affiche... » – et il se mit à dessiner en l'air un rectangle. Le Cafre secoua la tête, il n'avait rien compris.

La foule passait par vagues, tantôt cachant, tantôt découvrant les têtes du groupe. Tantôt, les mots qu'ils prononçaient parvenaient jusqu'à moi, tantôt ils se noyaient dans le bruit de la rue.

Likospastov se tourna vers Agapénov et lui dit :

— Non ! vous avez vu, Iegor Nylitch ? Qu'est-ce que c'est que ça ? – Liskospastov regarda les autres d'un air profondément peiné. – Ma parole, ils sont devenus fous !...

Le vent emporta la fin de la phrase.

Je recevais par bribes tantôt les sonorités creuses de la basse d'Agapénov, tantôt les notes aiguës du ténor de Likospastov.

— ... Mais comment s'y est-il pris ?... C'est moi qui lui ai ouvert... lui-même... oh, oh, oh ! effrayant personnage...

Je sortis de la niche et allai droit à eux.

Likospastov me vit le premier, et je fus frappé du changement qui s'était produit dans son regard. C'étaient bien les yeux de Likospastov, mais il y avait en eux quelque chose de nouveau, de tout à fait étrange, et j'eus l'impression qu'un gouffre insondable venait de s'ouvrir entre nous…

— Ah frère ! s'exclama Likospastov. Frère, je te félicite ! C'est si inattendu ! Eschyle, Sophocle et toi ! Je ne comprends pas comment tu t'es débrouillé, mais c'est génial ! Mais naturellement, maintenant, tu ne vas plus reconnaître tes amis ! Nous autres, petits que nous sommes, être les amis d'un Shakespeare !

— Et si tu cessais de faire l'imbécile ? dis-je, non sans crainte.

— Et voilà ! On ne peut déjà plus rien dire ! Voyez-moi ce grand homme ! Bon, bon, je ne te veux pas de mal. Dans mes bras, mon petit vieux, dans mes bras !

Et je sentis le contact de la joue de Likospastov, parsemée de poils courts et piquants.

— Faites connaissance.

Je fis donc connaissance avec l'homme à la grosse figure, qui ne m'avait pas quitté des yeux. Il dit simplement :

— Krupp.

Je fis connaissance aussi avec le Cafre, qui prononça une phrase d'une longueur démesurée dans un anglais cahoteux. Comme je n'y avais rien compris, je ne lui répondis pas.

— On jouera ça sur la Scène Expérimentale, naturellement ? demanda Likospastov comme pour s'informer.

— Je ne sais pas, répondis-je, on parle de la Grande Scène...

Likospastov pâlit encore et jeta un regard chargé de souffrance vers le ciel lumineux.

— Eh bien, dit-il d'une voix rauque, Dieu le veuille, Dieu le veuille. C'est peut-être l'occasion de saisir ta chance. Ça n'a pas marché avec le roman, mais qui sait ? ça marchera peut-être avec la pièce. Mais ne deviens pas trop fier ! Rappelle-toi : il n'y a rien de pire que d'oublier ses amis !

Krupp continuait à me regarder, et, sans raison apparente, il était devenu encore plus songeur. Je m'aperçus en même temps que son attention était tout spécialement concentrée sur mes cheveux et mon nez.

Il était temps de se séparer, car la situation devenait pénible. Iégor, en me serrant la main, voulut savoir si j'avais lu son livre. À cette question, je frissonnai, angoissé, puis je lui répondis que je ne l'avais pas lu. Iégor pâlit à son tour.

— Comment voulez-vous qu'il l'ait lu ? dit Likospastov. Il n'a plus le temps maintenant de lire la littérature contemporaine... Mais je plaisante, je plaisante...

— Lisez-le, dit Iégor avec autorité. Vous verrez, c'est un bon petit livre.

Je franchis alors l'entrée qui menait au premier balcon. La fenêtre qui donnait sur la rue était ouverte. Un homme à parements verts était en train de l'essuyer avec un chiffon. Derrière la vitre trouble, je vis les têtes des hommes de lettres emportées par le courant, et je perçus la voix de Likospastov :

— On a beau se démener comme un poisson sous la glace, clamait-il, voilà le résultat !... C'est honteux !

Les lettres de l'affiche continuaient à danser dans ma tête, mais je n'avais conscience que d'une chose : c'est que ma pièce – ceci dit entre nous – était fondamentalement et excessivement mauvaise, et qu'il fallait à tout prix faire quelque chose. Mais quoi ? Je n'en savais rien.

À ce moment, dans la douce pénombre du corridor, je vis apparaître la silhouette trapue de l'homme qui n'avait cessé de m'observer de la porte, le jour où j'avais lu ma pièce. C'était un blond au visage résolu mais au regard inquiet. Il tenait à la main un porte-documents gonflé de papiers.

— Camarade Maksoudov ? demanda-t-il.

— Oui.

— Je vous cherche dans tout le théâtre, reprit le nouveau venu. Permettez-moi de me présenter : Thomas Strij, metteur en scène. Bon, ça va bien. Ne vous troublez pas et ne vous inquiétez pas, votre pièce est en bonnes mains. Vous avez signé un contrat ?

— Oui.

— Maintenant vous êtes des nôtres, continua Strij d'un ton sans réplique, et les yeux brillants. Alors voici ce que vous allez faire : vous allez passer un contrat avec nous pour toute votre production future ! Un contrat à vie ! Vous vivrez pour nous ! Si vous voulez, on va faire ça tout de suite. D'accord, hein ! – Et Strij envoya un jet de salive dans un crachoir. – Et savez-vous, c'est moi qui vais monter votre pièce. En deux mois nous aurons torché ça, et le 15 décembre, répétition générale. C'est pas Schiller qui nous retardera. Avec Schiller ça roule tout seul...

— Excusez-moi, dis-je timidement, mais on m'a dit que c'était Eulampe Pétrovna qui ferait la mise en scène...

Strij changea de figure.

— Qui, quoi, Eulampe Pétrovna ? demanda-t-il sévèrement. Pas question d'Eulampe là-dedans ! – sa voix devint métallique. – Eulampe n'a rien à voir là-dedans, elle va mettre en scène *Vue sur cour* avec Iltchine. Ivan Vassiliévitch et moi, on est comme les deux doigts de la main ! Et si quelqu'un essaye de nous mettre des bâtons dans les roues, j'écrirai en Inde ! Et par lettre recommandée, s'il faut en venir là ! s'écria Strij d'un air menaçant et avec une grande agitation dont la raison m'échappait. Donnez-moi un exemplaire ! ordonna-t-il en tendant la main.

Je lui expliquai que je n'avais pas encore fait taper d'exemplaires.

— Mais qu'est-ce qu'ils ont dans la tête ? s'écria-t-il en roulant des yeux indignés. Êtes-vous allé voir Polyxène Toropietskaïa à l'étuve ?

Ne comprenant rien à ce qu'il me demandait, je ne pus que le regarder d'un air effaré.

— Vous n'y êtes pas allé ? Aujourd'hui, elle est de repos. Mais demain, prenez votre exemplaire et allez la voir. Agissez de ma part ! Et de l'audace, bon sang !

À ce moment, un homme extrêmement poli, élégant et au parler grasseyant apparut à côté de nous et dit avec déférence, mais sur un ton pressant :

— Je vous prie de bien vouloir passer dans la salle de répétition, Thomas Sergueiévitch. Nous commençons.

Thomas fourra le porte-documents sous son bras et s'éclipsa, en me criant en guise d'adieu :

— Demain à l'étuve, hein ! De ma part !

Debout dans le couloir, je restai longtemps immobile.

10. Dans l'étuve

Il m'est venu une idée ! Ma pièce comportait treize tableaux. Assis dans ma chambre, je plaçai devant moi une vieille montre d'argent et je me mis à lire ma pièce à haute voix, au grand étonnement, sans doute, de mes voisins. Quand j'avais fini de lire un tableau, je notais l'heure sur un papier. À la fin, je constatai que la lecture avait pris trois heures. Je pensai également qu'au spectacle, il y a des entractes pendant lesquels le public va au buffet. Si on ajoutait le temps nécessaire à ces interruptions, il était clair que ma pièce ne pouvait être jouée en une soirée. Cette question me tourmenta une partie de la nuit, et je finis par me résoudre à supprimer un tableau. Cela raccourcissait le spectacle de vingt minutes ; la question n'était donc pas résolue. Je me rappelai en outre qu'en plus des entractes, il y a aussi des pauses. Par exemple, une actrice est debout sur la scène, et en pleurant, elle arrange des fleurs dans un vase. Naturellement, elle ne dit rien, mais le temps passe quand même. En somme, marmonner le texte chez soi, c'est une chose, mais le dire sur la scène, c'est tout à fait autre chose.

Il fallait donc encore couper des passages de la pièce. Mais lesquels ? Tout me semblait important, et de plus, il m'en coûtait de condamner telle ou telle scène à la disparition, comme il en coûte de voir une maison que l'on a peiné à construire tomber en ruine, et je rêvai – rêve prophétique ! – que des corniches tombaient en morceaux et que des balcons s'effondraient...

Alors, je chassai de la pièce l'un des personnages, ce qui rendit un tableau tout à fait boiteux. Finalement ce tableau s'envola complètement, et il n'y en eut plus que onze.

Ensuite, j'eus beau me casser la tête et fumer cigarette sur cigarette, je ne trouvai plus rien à supprimer. Chaque jour, j'attrapais mal à la tempe gauche. Voyant qu'il n'y avait plus rien à faire, je décidai de laisser les choses suivre leur cours naturel, et de me rendre chez Polyxène Toropietskaïa.

« Non, pensai-je alors, je ne m'en tirerai pas sans Bombardov... »

Et Bombardov me fut d'un grand secours. Il m'expliqua ce que signifiait cette Inde dont j'avais entendu parler deux fois, et cette étuve – et que tout cela n'était ni une divagation, ni une hallucination de ma part. Maintenant je comprenais tout : à la tête du Théâtre Indépendant il y avait bien deux directeurs : Ivan, comme je le savais déjà, Vassiliévitch, et Aristarque Platonovitch.

— Mais tout de même, pourquoi, dans le cabinet où j'ai signé le contrat, n'y a-t-il qu'un portrait, celui d'Ivan Vassiliévitch ?

À cette question, Bombardov, qui avait d'ordinaire la repartie prompte, hésita puis répondit d'un ton incertain :

— Pourquoi ?... Euh... en bas ?... Hm, hm... Aristarque Platonovitch, il est... euh... son portrait est là-haut.

Je compris que Bombardov n'était pas encore habitué à moi et qu'il restait embarrassé en ma présence. C'est ce que montrait avec évidence sa réponse peu intelligible... Par délicatesse, je n'insistai pas... « Ce monde est plein de charmes, pensai-je, mais aussi plein de mystères... »

L'Inde ? C'était très simple. Aristarque Platonovitch se trouvait actuellement en Inde, et c'est donc là-bas que Thomas Strij avait l'intention de lui envoyer une lettre recommandée. Quant à l'étuve, c'était une plaisanterie des acteurs. Ils avaient baptisé ainsi – et c'était devenu une habitude – l'antichambre du cabinet directorial d'en haut, où travaillait Polyxène Vassilievna Toropietskaïa, la secrétaire personnelle d'Aristarque Platonovitch.

— Et Augusta Avdéïevna ?

— Eh bien, naturellement, c'est celle d'Ivan Vassiliévitch.

— Ah bon, bon...

— Ah bon-bon, bon-bon si vous voulez, dit Bombardov en me regardant pensivement, mais je vous conseille vivement de tout faire pour produire une bonne impression sur Toropietskaïa.

— Mais je ne saurai pas !

— Mais si, à condition de faire un effort !

Tenant à la main le rouleau de mon manuscrit, je gagnai les étages supérieurs du théâtre et parvins à l'endroit que l'on m'avait indiqué comme devant être l'étuve.

Avant la pièce ainsi désignée, il y avait une sorte d'entrée meublée d'un divan : je m'y arrêtai et, quelque peu ému, je rectifiai mon nœud de cravate, en me demandant comment j'allais m'y prendre pour faire bonne impression à Polyxène Toropietskaïa. À ce moment, il me sembla entendre des sanglots, qui paraissaient venir de l'étuve. « C'est un effet de mon imagination », pensai-je, et j'entrai dans l'étuve – pour m'apercevoir aussitôt que mon imagination n'était pour rien dans l'affaire. Je devinai que la dame au teint resplendissant, moulée dans un tricot écarlate, que je voyais assise derrière un pupitre jaune était Polyxène Toropietskaïa. Et c'est elle, précisément, qui sanglotait.

Abasourdi, je m'arrêtai près de la porte, sans que l'on s'aperçût de ma présence.

Les larmes ruisselaient sur les joues de Toropietskaïa, et de ses deux poings fermés, l'un pressait convulsivement un mouchoir, tandis que l'autre frappait sur le pupitre. Un homme à parements verts, fortement charpenté et le visage grêlé, gesticulait devant le pupitre, les yeux hagards de crainte et de chagrin.

— Polyxène Vassilievna ! criait-il d'une voix cassée par le désespoir. Polyxène Vassilievna ! Ils ne l'ont pas encore inscrit ! demain, ils l'inscriront !...

— C'est lâche ! cria Polyxène Toropietskaïa. Vous avez agi lâchement, Démyan Kozmitch ! Lâchement !

— Polyxène Vassilievna !

— Ceux d'en bas ont intrigué contre Aristarque Platonovitch en profitant qu'il était en Inde, et vous, vous les avez aidés !

— Polyxène Vassilievna ! Bonne mère ! s'écria l'homme d'une voix horrifiée. Qu'est-ce que vous dites ! Moi, contre mon bienfaiteur !...

— Je ne veux rien entendre ! s'exclama Toropietskaïa. Ce ne sont que des mensonges, de méprisables mensonges ! On vous a acheté !

Entendant cela, Demyan Kozmitch poussa un cri.

— Poly... Polyxène... bégaya-t-il, et à son tour, il éclata en sanglots, poussant d'une voix de basse d'affreux mugissements.

Alors Polyxène fit un grand geste pour frapper sur le pupitre, mais par mégarde, elle s'enfonça dans la paume la pointe d'un porte-plume rangé avec d'autres dans un petit vase. Elle sauta en arrière en poussant un petit cri aigu et alla s'effondrer dans un fauteuil en levant très haut ses jambes chaussées d'escarpins d'importation, à boucles ornées de brillants.

Démyan Kozmitch eut une sorte de cri étranglé de ventriloque.

— Mon Dieu ! Un docteur ! et il se précipita hors de la pièce, et moi à sa suite.

Une minute plus tard, je vis passer en coup de vent un homme en costume gris qui portait de la gaze et une fiole et qui disparut dans l'étuve.

Je l'entendis crier :

— Chère ! Remettez-vous !

— Que se passe-t-il ? demandai-je à voix basse à Démyan Kozmitch qui était resté dans l'entrée.

La voix de Démyan Kozmitch résonna comme un bourdon :

— Voyez-vous, monsieur, dit-il en tournant vers moi ses yeux hagards et pleins de larmes, on m'a envoyé à la Commission chercher des bons de séjour à Sotchi pour octobre… Eh bien, ils m'ont donné quatre bons, mais je ne sais pas pourquoi, ils ont oublié d'inscrire le neveu d'Aristarque Platonovitch… Reviens demain à midi, qu'ils m'ont dit… Et voyez-vous, monsieur, voilà que c'est moi qui ai intrigué !

À voir le chagrin qui se lisait dans les yeux de Démyan Kozmitch, il était évident que l'homme était innocent, qu'il n'avait intrigué en aucune façon, et qu'en général il ne s'occupait pas d'intrigues.

De l'étuve parvint un faible « aïe ! » et Démyan Kozmitch disparut instantanément, comme avalé par la porte. Dix minutes plus tard, le docteur s'en allait à son tour. Je restai un moment assis sur le divan, et c'est seulement lorsque j'entendis le bruit de la machine à écrire que je me risquai à entrer.

Polyxène Toropietskaïa, calmée et repoudrée, était à son pupitre et tapait à la machine. Je la saluai d'une inclinaison du buste, que j'essayai de rendre à la fois aimable et digne. Puis je me mis à parler, d'une voix que je voulais aussi digne et aimable, et qui ne fut, à mon propre étonnement, qu'étranglée et bizarre.

Ayant expliqué qui j'étais, et que j'avais été envoyé ici par Thomas Strij pour dicter une pièce, je reçus de Polyxène une invitation à m'asseoir et à attendre – ce que je fis.

Les murs de l'étuve étaient surchargés de photographies, de daguerréotypes et de tableaux. L'ensemble était dominé par un grand portrait à l'huile qui représentait un homme de belle prestance, en redingote et favoris à la mode des années 70 du siècle dernier. Je supposai qu'il s'agissait d'Aristarque Platonovitch, mais je ne voyais pas du tout qui pouvait être cette pâle et aérienne jeune fille ou jeune femme placée derrière la tête d'Aristarque Platonovitch et qui tenait à la main un voile transparent. Ce mystère finit par me tourmenter au point que, choisissant un moment favorable, je toussai et posai la question.

Il y eut une pause, pendant laquelle Polyxène arrêta son regard sur moi pour m'étudier, après quoi elle répondit enfin, d'un air qui me parut contraint :

— C'est la muse.

— Ah-ah, dis-je.

La machine se remit à crépiter, et je me remis à contempler les murs. Je m'aperçus ainsi que tous les clichés et tous les tableaux représentaient Aristarque Platonovitch, en compagnie de diverses personnes.

Ainsi, sur une vieille photo jaunie, on voyait Aristarque Platonovitch à l'orée d'un bois. C'était l'automne, et Aristarque Platonovitch était en tenue de ville de demi-saison – manteau, bottines et chapeau haut de forme. Son compagnon portait une sorte de blouse, une gibecière et un fusil à deux coups, et son visage, avec son pince-nez et sa barbe grise, ne me semblait pas inconnu.

À cette occasion, je découvris que Polyxène Toropietskaïa était douée d'un talent particulier : elle pouvait en même temps taper à la machine et voir, par magie sans doute, tout ce qui se passait autour d'elle. Et je sursautai quand, sans même attendre ma question, elle dit :

— Oui, oui. C'est Aristarque Platonovitch avec Tourguéniev, à la chasse.

J'appris de la même façon que les deux hommes en pelisse qui se tenaient près d'un fiacre à deux chevaux, à l'entrée du Bazar Slave, étaient Aristarque Platonovitch et Ostrovski.

Un autre portrait montrait quatre hommes autour d'une table, et derrière eux un ficus. C'étaient Aristarque Platonovitch, Pissiemski, Grigorovitch et Leskov.

Il y avait une photographie qui n'appelait aucune question : le vieillard vêtu d'une longue blouse, pieds nus, les mains dans la ceinture, aux sourcils broussailleux, à la barbe négligée et au front dégarni qui y figurait ne pouvait être que Léon Tolstoï. Aristarque Platonovitch était debout en face de lui, coiffé d'un chapeau de paille à bord plat et vêtu d'une légère veste de tussor.

Une aquarelle m'étonna au-delà de toute mesure. « Ce n'est pas possible ! » pensai-je. Dans une modeste chambre, un homme au long nez en bec d'oiseau, au regard inquiet et malade, aux cheveux tombant en longues mèches raides sur des joues émaciées, en pantalon clair à sous-pieds, chaussures à bouts carrés et habit bleu, était assis dans un fauteuil, un manuscrit sur les genoux, tandis qu'une chandelle brûlait sur la table.

Près de lui, les coudes appuyés sur la table, se trouvait un jeune homme de seize ans environ, qui n'avait pas encore de favoris mais qui avait déjà ce même nez arrogant. En un mot et incontestablement : Aristarque Platonovitch.

Je regardai Polyxène, qui répondit sèchement :

— Oui. C'est Gogol qui lit à Aristarque Platonovitch la deuxième partie des *Âmes mortes*.

Je sentis mes cheveux remuer sur le sommet de ma tête, comme si l'on soufflait dessus par-derrière, et je m'entendis demander involontairement :

— Mais quel âge a donc Aristarque Platonovitch ?

Cette question inconvenante reçut la réponse qu'elle méritait et que Polyxène me donna d'une voix assez vibrante :

— Pour des hommes tels qu'Aristarque Platonovitch, l'âge n'existe pas. Cela vous étonne, sans doute, que tant de gens aient pu tirer profit de la société d'Aristarque Platonovitch ?

— Mais non, voyons ! m'écriai-je effrayé. Bien au contraire ! Je...

Mais je m'arrêtai, incapable de trouver quelque chose de sensé à dire, car je venais de penser : « Et pourquoi au contraire ?... Qu'est-ce que je radote ? »

Polyxène ne dit rien et je songeai : « Non, je n'ai pas réussi à produire sur elle une bonne impression, hélas, c'est clair ! »

À ce moment la porte s'ouvrit, et une dame entra dans l'étuve d'un pas alerte. Je reconnus aussitôt Ludmila Sylvestrovna Priakhina, de la galerie des portraits. Tout en elle était comme sur le tableau : le châle, le mouchoir de dentelle, et même sa façon de le tenir en écartant le petit doigt.

Je me dis qu'il ne serait pas mauvais, puisque l'occasion s'en présentait, d'essayer de produire sur elle aussi une bonne impression, et dans ce but, je m'inclinai courtoisement vers elle. Malheureusement, ma révérence passa complètement inaperçue.

À peine entrée, la dame eut un petit rire argentin et s'écria :

— Non ! Vous n'avez pas vu ? Vous n'avez pas vu ça ?

— Et quoi donc ? demanda Toropietskaïa.

— Mais ce soleil, cet adorable soleil ! s'exclama Ludmila Sylvestrovna en agitant son mouchoir et en esquissant même un pas de danse. C'est l'été de la Saint-Martin !

Polyxène lança à Ludmila Sylvestrovna un regard indéchiffrable et dit simplement :

— Vous avez un questionnaire à remplir.

L'allégresse de Ludmila Sylvestrovna s'éteignit d'un coup et son visage changea au point que j'aurais été incapable de la reconnaître d'après son portrait.

— Quel questionnaire encore ? Ah, mon Dieu ! mon Dieu ! – Même sa voix était changée. – Je commençais juste à être heureuse, heureuse de ce soleil, je me recueillais en moi-même, je sentais naître quelque chose en moi, et je cultivais cette pousse mystérieuse, les violons commençaient à peine à chanter, et je marchais comme dans un lieu saint... et voilà ce... Ah, donnez, donnez-moi cela !

— Inutile de crier, Ludmila Sylvestrovna, remarqua tranquillement Toropietskaïa.

— Je ne crie pas ! Je ne crie pas ! Et puis je n'y vois rien ! Ce questionnaire est tapé de façon abominable...

Priakhina parcourut des yeux la feuille grise puis, d'un geste brusque, la rejeta loin d'elle :

— Ah ! tenez, remplissez cela vous-même ! Je ne comprends rien à ces choses !

Toropietskaïa haussa les épaules et prit un porte-plume.

— Eh bien, écrivez : Priakhina, Priakhina ! s'écria nerveusement Ludmila Sylvestrovna. Et... Ludmila, Ludmila Sylvestrovna ! Tout le monde sait cela, et je n'ai jamais rien caché !

Toropietskaïa écrivit les trois mots sur le questionnaire, puis demanda :

— Quand êtes-vous née ?

Cette question eut sur Priakhina un effet surprenant : des taches rouges apparurent sur ses pommettes, et sa voix passa soudain des cris au murmure :

— Sainte Mère de Dieu ! Qu'est-ce que c'est que cela, encore ? Je ne comprends pas, qui peut avoir besoin de savoir cela ? Pourquoi ? Pour quoi faire ? Bon, très bien, très bien. Je suis née en mai, au mois de mai ! Bon. Et que me veut-on, encore ?

— Il faut aussi l'année de naissance, dit doucement Toropietskaïa.

Les yeux de Priakhina s'abaissèrent vers son nez, et ses épaules frissonnèrent.

— Oh, soupira-t-elle, comme je voudrais qu'Ivan Vassiliévitch puisse voir comment on martyrise une artiste, juste avant une répétition !...

— Écoutez, Ludmila Sylvestrovna, nous ne pouvons pas continuer ainsi, répliqua Toropietskaïa. Emportez donc ce questionnaire, et remplissez-le chez vous comme vous voudrez.

Priakhina lui arracha la feuille des mains et se mit en devoir de la fourrer dans son sac, les lèvres tremblantes.

À ce moment, la sonnerie du téléphone retentit. Toropietskaïa décrocha, et jeta d'une voix perçante :

— Oui !... Non, camarade ! Quels billets ? Mais je n'ai absolument pas de billets ici !... Quoi ? Citoyen ! Vous me faites perdre mon temps ! Je n'ai absol... Quoi ?... Ah ! – Toropietskaïa rougit violemment. – Ah, excusez-moi ! Je n'avais pas reconnu votre voix ! Mais oui, naturellement, naturellement ! On vous les donnera directement au contrôle. Et le programme... oui, je m'arrangerai pour qu'on vous le garde aussi !... Mais Théophile Vladimirovitch ne sera pas là ? Ah, nous le regretterons énormément ! Énormément !... C'est cela ! Mes meilleures, mes meilleures amitiés ! Au revoir ! Au revoir !

Rouge de confusion, Toropietskaïa raccrocha et se tourna vers Priakhina :

— Voilà, à cause de vous, j'ai fait une gaffe épouvantable !

— Ah ! laissez cela, laissez cela ! s'écria Ludmila Sylvestrovna, de plus en plus nerveuse. Vous avez tué ce qui naissait en moi, et la journée est gâchée !

— À propos, dit Toropietskaïa, le directeur de la troupe a demandé que vous alliez le voir.

Les joues de Priakhina rosirent légèrement, et elle leva les sourcils d'un air hautain.

— En quoi lui suis-je nécessaire ? C'est extrêmement intéressant !

— C'est l'habilleuse Korolkova, qui a eu à se plaindre de vous.

— Quelle Korolkova ? Qu'est-ce que c'est que ça ? Ah mais si, mais si, je me rappelle ! Comment ai-je pu oublier, du reste !

Et Ludmila Sylvestrovna partit d'un rire qui me fit froid dans le dos, un rire de gorge : – « Hou ! hou ! hou ! » – sans desserrer les lèvres.

— … comment ai-je pu oublier cette Korolkova, qui m'a abîmé tout le bas d'une robe ? Eh bien quoi ? Elle a cafardé sur moi ?

— Elle se plaint de ce que vous l'avez pincée avec méchanceté, dans les toilettes du salon de coiffure, dit Toropietskaïa d'un ton affable, tandis que ses yeux de cristal scintillaient.

L'effet produit par les paroles de Toropietskaïa me laissa stupéfait. Priakhina ouvrit la bouche, largement et de travers, comme chez le dentiste, et de ses deux yeux jaillit un flot de larmes. Je m'enfonçai dans mon fauteuil, et sans savoir pourquoi, je levai une jambe. Toropietskaïa appuya sur le bouton d'une sonnette et immédiatement, la tête de Démyan Kozmitch s'insinua dans la porte entrebâillée, pour disparaître aussitôt.

Priakhina pressa son front de son poing fermé et se mit à crier d'une voix suraiguë :

— On veut me faire mourir ! Seigneur mon Dieu ! Seigneur mon Dieu ! Et toi, Mère de toute pureté ! Voyez ce qu'on fait de moi dans ce théâtre ! Pélikan est un monstre ! Et Guérassim Nikolaïévitch un traître ! J'imagine ce qu'il a été rapporter sur moi à Sivtsev Vrajek ! Mais je me jetterai aux pieds d'Ivan Vassiliévitch ! Je le supplierai de m'écouter !...

Et sa voix se brisa.

À ce moment la porte s'ouvrit, pour livrer passage au même docteur, qui portait cette fois une fiole et un petit verre. Sans rien demander à personne, il versa d'un geste coutumier un liquide trouble de la fiole dans le verre, mais Priakhina cria d'une voix étranglée :

— Laissez-moi ! laissez-moi ! Vous êtes des gens vils !

Et elle sortit en courant.

Le docteur se précipita à sa suite, en criant : « Chère ! », et derrière le docteur, Démyan Kozmitch, surgi on ne sait d'où, courut en lançant de tous côtés ses jambes de podagre.

Par les portes ouvertes parvenait, accompagnée par le clapotis d'un piano, une voix lointaine, mais puissante et passionnée, qui chantait :

— « … et tu seras la reine du mon-on… – et ici, la voix s'enfla hardiment – on-onde !… »

Puis les portes claquèrent et la voix s'éteignit.

— Eh bien, me voilà libre, dit Toropietskaïa avec un léger sourire. Commençons.

11. Je fais connaissance avec le théâtre

Toropietskaïa possédait à la perfection l'art de taper à la machine. Je n'avais jamais rien vu de semblable. Il n'y avait besoin ni de lui dicter les signes de ponctuation, ni de lui répéter les noms des interlocuteurs. Les choses allaient de telle sorte que je pouvais me promener de long en large, dicter, m'arrêter soudain, réfléchir, dire : « Non, attendez... », modifier ce qui était écrit, oublier complètement quel personnage parlait, marmonner ou parler tout haut – bref, faire n'importe quoi – je voyais ensuite sortir des mains de Toropietskaïa une page d'une parfaite régularité, presque sans corrections, sans la moindre faute d'orthographe – une page qu'on aurait pu donner telle quelle à l'imprimerie.

Nous étions accompagnés par les sonneries du téléphone. Au début, elles me gênaient, mais je m'y habituai si bien qu'elles finirent par me plaire. Quant à Polyxène, elle traitait les correspondants avec un savoir-faire peu commun. Elle décrochait et criait d'emblée :

— Oui ! Soyez bref, camarade ! Je suis occupée ! Oui ?

Ainsi reçu, le camarade qui se trouvait au bout du fil perdait contenance, bafouillait quelques mots sans suite, et savait ainsi dès le début à quoi s'en tenir.

Le cercle des activités de Toropietskaïa était extrêmement large, comme je pus m'en convaincre en écoutant ses conversations téléphoniques.

— Oui ! disait Toropietskaïa. Non, ce n'est pas ici qu'il faut téléphoner. Je n'ai absolument aucun billet... « Je te tuerai ! » (Ceci à mon adresse, répétant la dernière phrase écrite.)

Nouvelle sonnerie.

— Tous les billets sont vendus, disait Toropietskaïa, et je n'ai pas de billets de faveur... « Et qu'est-ce que cela prouvera ? » (Pour moi.)

« Je me rends compte maintenant, pensai-je, du nombre d'amateurs qui vont au théâtre gratuitement, à Moscou. Mais il y a une chose bizarre : apparemment, aucun d'eux n'essaye de voyager gratuitement en tramway. De même, je n'en ai jamais vu aller dans un magasin demander une boîte d'anchois gratuite. Pourquoi pensent-ils donc qu'au théâtre, il n'est pas nécessaire de payer ? »

— Oui ! Oui ! criait Toropietskaïa dans le téléphone. Le Pendjab, Calcutta, Madras, Allahabad... Non, nous ne donnons pas l'adresse ! Oui ? me disait-elle ensuite.

— « Je ne permettrai pas qu'il vienne chanter des sérénades espagnoles sous la fenêtre de ma fiancée ! »

disais-je avec feu, en marchant à grands pas à travers la pièce.

— « fiancée… » répétait Toropietskaïa.

À chaque instant résonnait la sonnette de fin de ligne de la machine. Puis, de nouveau, le téléphone.

— Oui ! Le Théâtre Indépendant ! Non, je n'ai pas de billets ! « Fiancée… »

— « … fiancée ! » dis-je. « Ermakov jette sa guitare à terre et court au balcon. »

— Oui ! L'Indépendant, oui ! Je n'ai aucun billet !… « Balcon… »

— « Anna s'élance… » – non, simplement : « le suit ».

— « … le suit. » Oui ? Ah oui. Camarade Boutovitch, Philia aura des billets pour vous au bureau. Toutes mes amitiés.

— « Anna : Il va se tuer ! – Bakhtine : Mais non, il ne se tuera pas ! »

— Oui ! Ah bonjour ! Oui, c'est elle-même. Ensuite, les îles Andaman. Malheureusement, nous ne pouvons pas donner d'adresse, Albert Albertovitch… « Ne se tuera pas !… »

Il faut rendre cette justice à Polyxène Toropietskaïa : elle connaissait son affaire. Elle tapait des deux mains – et des dix doigts ; aussitôt qu'elle entendait le téléphone, elle continuait à taper d'une main, de l'autre décrochait et criait :

— Calcutta ne lui a pas plu… Sa santé est bonne…

Démyan Kozmitch entrait souvent, trottait jusqu'au pupitre et tendait des papiers quelconques. Toropietskaïa les lisait de l'œil droit, y mettait un tampon, tout en surveillant de l'œil gauche sa machine, où elle écrivait : « Un accordéon joue un air joyeux, mais à ce moment… »

— Non, attendez, attendez ! Pas joyeux, mais quelque chose comme… martial, ou… non, attendez… Et je regardais le mur d'un air effaré, ne sachant dire comment jouait l'accordéon.

Pendant ce temps, Toropietskaïa se mettait un peu de poudre, ou disait au téléphone à je ne sais quelle Miss qu'Albert Albertovitch se procurerait des baleines de corset à Vienne. Toutes sortes de visiteurs venaient à l'étuve, et au début, j'avais honte de dicter en leur présence – j'avais l'impression d'être tout nu parmi des gens habillés – mais je m'y accoutumai rapidement.

Micha Panine passait de temps à autre, et à chaque fois, pour m'encourager, il me serrait le bras, puis gagnait la porte qui, comme je le savais, conduisait à son cabinet.

Vint aussi un homme âgé, d'aspect lugubre. Il s'assit dans un fauteuil et feuilleta un journal, mais cette lecture parut le rendre encore plus lugubre, et il sortit.

Puis apparut un homme rasé de près, comme tous dans ce monde merveilleux, avec un profil de Romain de la décadence, la lèvre inférieure avancée dans une moue capricieuse. C'était le président de la Corporation des metteurs en scène, Ivan Alexandrovitch Poltoratski.

— *Mille pardons*[1] *!* Vous tapez déjà le deuxième acte ? Grandiose ! s'écria-t-il, et il se dirigea vers une autre porte en levant comiquement les pieds très haut, pour montrer qu'il ne voulait pas faire de bruit.

Lorsque la porte s'entrouvrait, on l'entendait parler au téléphone :

— Ça m'est égal… je suis un homme sans préjugés… C'est même fort original – ils sont arrivés aux courses en caleçon. Mais l'Inde ne marchera pas… Il leur a fait le même modèle à tous, au prince, au mari, au baron… des vrais caleçons, oui, par la forme comme par la couleur !… Dites-leur qu'il faut des pantalons !… Je m'en moque !… Qu'ils les refassent ! Et lui, envoyez-le au diable ! Quel menteur !… Pétia Dietrich ne peut pas dessiner des costumes pareils ! Il a dessiné des pantalons, j'ai les esquisses sous les yeux ! Pétia… Raffiné ou non, il en porte, lui, des pantalons ! C'est un homme d'expérience !…

Au plus fort de la journée, alors que, fourrageant dans mes cheveux, j'essayais de trouver l'expression

1. En français dans le texte. *(N.d.T.)*

juste… l'homme tombe… il lâche le revolver… le sang coule – ou ne coule pas ?… – je vis entrer dans l'étuve une jeune actrice, vêtue modestement, qui s'écria :

— Bonjour, Polyxène Vassilievna, ma chérie ! Je vous ai apporté un petit bouquet !

Elle embrassa Polyxène et posa sur le pupitre quatre asters jaunes.

— Rien pour moi de l'Inde ?

Polyxène répondit qu'il y avait quelque chose, et sortit de son pupitre une enveloppe passablement gonflée. L'actrice sembla vivement émue.

— « Dites à Vechniakova, lut Toropietskaïa, que j'ai résolu le problème du rôle de Xénia… »

— Ah, voyons ! s'écria Vechniakova.

— « J'étais au bord du Gange, en compagnie de Prascovie Théodorovna, quand il m'est venu une idée. Il est certain que Vechniakova ne peut faire son entrée par la porte du fond. Elle doit entrer par le côté, là où se trouve le piano. Qu'elle n'oublie pas qu'elle a perdu son mari récemment : par conséquent, pour rien au monde elle ne voudrait entrer par la grande porte. Elle doit marcher d'un pas monacal, les yeux baissés, en tenant un bouquet de marguerites – c'est typique pour une veuve… »

— Mon Dieu ! Comme c'est vrai ! Quelle profondeur ! s'exclama Vechniakova. C'est vrai ! Entrer par le fond, cela me gênait…

— Attendez, dit Toropietskaïa, il y a encore quelque chose.

Et elle continua de lire :

— « Du reste, que Vechniakova entre par où elle voudra. Bientôt je serai de retour, et tout ira bien. Le Gange ne m'a pas plu, je trouve qu'il manque quelque chose à ce fleuve... » – oui, bon, ça ne vous concerne pas, coupa Toropietskaïa.

— Polyxène Vassilievna, dit Vechniakova, écrivez à Aristarque Platonovitch que je lui suis follement, follement reconnaissante !

— C'est entendu.

— Mais ne puis-je lui écrire moi-même ?

— Non, dit Polyxène. Il a exprimé le désir que personne ne lui écrive, sauf moi. Cela l'importunerait au plus haut point pendant qu'il réfléchit.

— Je comprends, je comprends ! dit avec chaleur Vechniakova, sur quoi elle embrassa Toropietskaïa et s'en alla.

À ce moment entra un homme replet, énergique et d'âge moyen qui, dès la porte, lança d'un air rayonnant :

— Vous connaissez la dernière ? Ah, vous tapez ?

— Ça ne fait rien, nous avons justement un entracte, dit Toropietskaïa.

Et l'homme replet, visiblement plein de son anecdote, les yeux brillants de plaisir, se pencha vers elle. En même temps, des deux bras, il rassemblait son auditoire. Micha Panine vint donc écouter l'anecdote, puis Poltoratski, et quelqu'un d'autre encore. Toutes les têtes se penchèrent au-dessus du pupitre. J'entendis : «... alors le mari revient dans le salon... » On rit. L'homme replet chuchota encore quelque chose, après quoi Micha Panine fut pris d'un accès de rire : « Ha ! ha ! ha ! » et Poltoratski s'écria : « Grandiose ! », tandis que l'homme replet avait un petit rire satisfait, qu'il interrompit aussitôt pour se précipiter dehors en criant :

— Vassia ! Vassia ! Stop ! J'ai une nouvelle anecdote à vendre !

Mais il ne réussit pas à vendre son anecdote à Vassia, car Toropietskaïa le rappelait.

En effet, Aristarque Platonovitch avait écrit quelque chose à son intention.

— « Dites à Elaguine, lut Toropietskaïa, qu'il doit éviter par-dessus tout de chercher l'effet, chose à quoi il a toujours trop tendance. »

Elaguine changea de visage et regarda la lettre.

— « Dites-lui, continua Toropietskaïa, que dans la scène de la soirée chez le général, il ne doit pas tout de suite aller saluer la femme du colonel, mais d'abord faire le tour de la table en souriant d'un air désemparé. Il est propriétaire d'une distillerie, et pour rien au monde il ne saluerait tout de suite en entrant. Du... »

— Je ne comprends pas, coupa Elaguine. Excusez-moi, mais je ne comprends pas. – Elaguine marcha autour de la pièce, comme s'il contournait quelque chose. – Non, je ne sens pas cela. Ça ne va pas !... La femme du colonel est devant lui, et lui, il s'en va par... Non, je ne sens pas ça du tout !

— Vous voulez dire que vous comprenez mieux cette scène qu'Aristarque Platonovitch ? demanda Toropietskaïa d'une voix glaciale.

Cette question décontenança Elaguine.

— Mais non, je ne dis pas ça... – Il rougit. – Mais jugez vous-même...

Et il fit de nouveau le tour de la pièce.

— Quant à moi, je pense que nous devrions admirer Aristarque Platonovitch à genoux, lui qui, de l'Inde...

— Vous, vous passeriez votre vie à genoux devant lui... grogna Elaguine.

« Hé, hé, il ne manque pas de culot... » pensai-je.

— Vous feriez mieux d'écouter ce que dit encore Aristarque Platonovitch, dit Polyxène, qui reprit : « Du reste, qu'Elaguine fasse comme il voudra. Bientôt je serai de retour, et la pièce sera claire pour tout le monde. »

Elaguine retrouva sa gaieté, et il nous gratifia d'une petite représentation. Il agita une main près de sa joue droite, puis près de sa joue gauche, et j'eus l'impression qu'il venait de lui pousser des favoris.

Puis il devint plus petit, gonfla ses narines d'un air important et, tout en tirant sur les poils de ses favoris imaginaires, il répéta entre ses dents tout ce que la lettre disait sur lui.

« Quel acteur ! » me dis-je en reconnaissant le portrait d'Aristarque Platonovitch.

Le sang monta au visage de Toropietskaïa, et elle parut respirer avec peine.

— Je vous prierais… commença-t-elle.

— Du reste… fit Elaguine entre ses dents, puis il haussa les épaules et dit de sa voix normale : Je ne comprends pas !

Et il sortit. Je le vis encore tourner en rond dans l'entrée, puis hausser les épaules d'un air perplexe, et finalement disparaître.

— Ah, ces moyens ! soupira Polyxène. Pour eux, rien n'est sacré. Vous avez entendu, cette façon de parler ?

— Hum, répondis-je, ne sachant que dire, et surtout, ne comprenant pas ce qu'elle entendait par « moyens ».

Vers la fin du premier jour, nous nous rendîmes compte qu'il était pratiquement impossible de taper la pièce dans l'étuve. Polyxène fut déchargée pour deux jours de ses obligations immédiates, et on nous installa tous les deux dans une loge d'actrice. En ahanant, Démyan Kozmitch y porta la machine à écrire.

L'été de la Saint-Martin capitula et céda la place à un automne humide. Un jour gris noyait la fenêtre. Polyxène était assise sur un tabouret, et moi sur une banquette, d'où je voyais mon reflet dans une armoire à glace. J'avais l'impression d'avoir en moi deux étages. À l'étage supérieur régnaient le remue-ménage et un désordre qu'il fallait transformer en ordre. Les héros exigeants de la pièce apportaient dans mon esprit des soucis inhabituels. Chacun d'eux réclamait les mots qu'il fallait, et de plus chacun essayait d'occuper la première place, au détriment des autres. Corriger la pièce était un travail harassant. L'étage supérieur, qui répandait le bruit et l'agitation dans ma tête, m'empêchait de jouir de la paix qui s'était installée durablement à l'étage inférieur. Des murs de la petite loge, semblable à une bonbonnière, me regardaient, avec un sourire artificiel, des femmes aux lèvres exagérément opulentes, avec des ombres sous les yeux. Elles étaient en crinolines ou en robes à paniers. Parmi elles, il y avait des photographies d'hommes, haut-de-forme à la main, souriant de toutes leurs dents. L'un d'eux portait d'énormes épaulettes. Il avait un gros nez d'ivrogne qui lui tombait jusqu'à la bouche, et ses joues et son cou étaient sillonnés de plis. Je ne reconnus Galine que lorsque Polyxène me dit qui c'était.

Je regardais les photographies, me levais de la banquette pour toucher les lampions éteints ou tripoter un poudrier vide, respirais le parfum presque imperceptible d'un fard ou l'odeur aromatique des cigarettes de Polyxène. Tout était silencieux, et ce silence n'était troublé que par le crépitement intermittent de la machine ou le faible tintement de sa sonnette, ou parfois par un gémissement étouffé du parquet. De temps à autre, par la porte ouverte, je voyais passer sur la pointe des pieds des femmes âgées et d'aspect sévère, qui portaient devant elles des amoncellements de robes empesées.

Parfois, le profond silence du corridor était rompu par une bouffée de musique brusquement échappée on ne sait d'où, ou par des cris menaçants et lointains. Je savais maintenant que sur la scène, quelque part dans les profondeurs d'un réseau de vieux couloirs, de pans coupés et d'escaliers, on répétait *Stenka Razine*.

Nous commençâmes à taper à midi, jusqu'à deux heures, pour l'interruption du déjeuner. Polyxène rentra chez elle pour s'occuper de son ménage, et je me rendis au salon de thé.

Pour y arriver, je devais quitter le couloir et prendre un escalier. Là, le charme du silence était rompu. Un groupe d'acteurs et d'actrices était en train de monter. Derrière une porte blanche un téléphone sonnait, et un autre lui répondait de quelque part en bas. Au pied de l'escalier, l'un des courriers dressés à la baguette par Augusta Ménajraki montait la garde. Je franchis ensuite une porte de fer moyenâgeuse derrière laquelle des marches s'enfonçaient mystérieusement dans une sorte de défilé étroit, solennel et ténébreux, ménagé entre deux murs de briques d'une hauteur qui me sembla prodigieuse. Des décors étaient appuyés les uns par-dessus les autres contre les murs de ce passage. Sur leur cadre de bois blanc reluisaient des inscriptions conventionnelles dont le sens m'échappait : « 1 post. gauche », « Col. arr. », « Ch. à coucher acte III ». Une haute et large porte de fer, noircie par le temps, et où était découpé un portillon fermé par une serrure de dimensions monstrueuses, occupait le mur de droite, et je compris qu'elle conduisait à la scène. Une porte semblable s'ouvrait à gauche, mais elle donnait sur une cour, et c'est par cette porte que les gardes-magasins apportaient les décors qui n'avaient pu trouver place dans le passage. Je m'attardai là assez longtemps pour pouvoir m'abandonner à mes rêves dans la solitude, ce qui du reste était facile, car seuls de rares voyageurs s'aventuraient dans cette étroite venelle, où il fallait se glisser de biais pour ne pas heurter les décors.

Laissant l'air s'échapper avec un léger sifflement de serpent, le mécanisme du portillon de fer me livra passage. Le bruit de mes pas fut aussitôt étouffé par le tapis, et je reconnus, aux têtes de lions de cuivre qui l'ornaient, le seuil du cabinet de Gabriel Stépanovitch. Et c'est le même tapis de drap militaire qui me conduisit là-bas, où des gens allaient et venaient dans le bruissement des conversations – au salon de thé.

Un samovar étincelant, de plusieurs décalitres de capacité, posé derrière le comptoir, fut la première chose qui frappa mes yeux. Puis je vis un homme de petite taille, passablement âgé, chauve avec des moustaches hirsutes et des yeux si tristes qu'un sentiment de pitié et d'inquiétude devait s'emparer de quiconque le voyait pour la première fois. Poussant de temps à autre des soupirs douloureux, l'homme aux yeux tristes se tenait lui aussi derrière le comptoir et regardait le monceau de sandwiches au caviar rouge et au fromage de brebis placé devant lui. Les acteurs venaient au buffet et emportaient cette mangeaille, et alors, les yeux du petit homme s'emplissaient de larmes. Rien ne pouvait l'égayer, ni l'argent qu'il recevait en échange de ses sandwiches, ni la conscience de vivre au meilleur endroit de la capitale : au Théâtre Indépendant. Rien ne pouvait l'égayer, et visiblement, son âme souffrait à la pensée que les gens allaient manger tout ce qu'il y avait sur les plateaux, sans en laisser une miette, et boire tout le contenu du gigantesque samovar.

Les deux fenêtres laissaient entrer la lumière grise d'un jour d'automne larmoyant ; derrière le buffet brûlait une applique à abat-jour en forme de tulipe, que l'on n'éteignait jamais, mais les angles restaient éternellement noyés d'ombre.

Intimidé par tous les inconnus assis aux tables, je n'osais me joindre à eux, malgré l'envie que j'en avais. Partout on racontait des histoires, et de petits rires étouffés parcouraient les groupes.

Après avoir mangé un sandwich au fromage et bu une tasse de thé au buffet, je sortis pour aller visiter d'autres parties du théâtre. J'étais surtout attiré par celle qu'on appelait « le bureau ».

Cet endroit se distinguait nettement de tout le reste du théâtre : c'était le seul où il y avait vraiment du bruit, le seul où, pour ainsi dire, venait déferler l'animation de la rue.

Le bureau se composait de deux parties : la première était une pièce étroite et exiguë, à laquelle on accédait de la cour par un escalier à ce point abrupt et contourné que tous ceux qui l'empruntaient pour la première fois tombaient immanquablement. Dans cette minuscule antichambre étaient installés deux courriers : Katkov et Bakvaline. Une tablette placée devant eux portait deux téléphones, qui sonnaient à peu près sans interruption.

J'eus tôt fait de me rendre compte que ces deux appareils servaient uniquement à appeler un seul et même homme ; celui-ci était installé dans la pièce attenante, sur la porte de laquelle une pancarte indiquait :

Philippe Philippovitch TOULOUMBASSOV
Secrétaire général.

Personne à Moscou n'a jamais eu – et il est vraisemblable que personne n'aura jamais – une popularité égale à celle de Touloumbassov. Il me semblait en effet que toute la ville se battait pour téléphoner à Touloumbassov, et tantôt Katkov, tantôt Bakvaline mettaient en communication Philippe Philippovitch avec les gens avides de lui parler.

On m'a dit – ou bien je l'ai rêvé – que Jules César était capable de mener de front des activités diverses, par exemple lire quelque chose et écouter quelqu'un.

Je veux témoigner ici que Jules César eût perdu la tête de la plus piteuse façon si on l'avait mis à la place de Philippe Philippovitch.

Outre les deux appareils qui sursautaient à chaque instant sous les mains de Bakvaline et de Katkov, il y en avait deux autres devant Philippe Philippovitch lui-même et un troisième, de modèle ancien, fixé au mur.

Philippe Philippovitch, blond et grassouillet, avec une avenante figure ronde et des yeux étonnamment vifs au fond desquels gisait cependant une tristesse invisible pour un observateur superficiel – une plaie secrète mais certainement à jamais incurable – était assis derrière une barrière, dans un coin extraordinairement confortable. Que dehors, il fît jour ou nuit, chez Philippe Philippovitch c'était éternellement le soir, avec une lampe à abat-jour vert éternellement allumée. Sur le bureau placé devant Philippe Philippovitch il y avait quatre calendriers remplis d'inscriptions mystérieuses, du genre : « Priakh. 2, part. 4 », « 13 mat. 2 », « M O N . 77727… »

Des hiéroglyphes du même genre étaient griffonnés sur cinq blocs-notes ouverts sur la table. Sur le mur au-dessus de Philippe Philippovitch était accrochée une tête empaillée d'ours brun, dans les yeux de laquelle on avait placé des ampoules électriques. Philippe Philippovitch était séparé du monde extérieur par une barrière sur laquelle venaient s'appuyer, à toute heure du jour, d'innombrables ventres revêtus des costumes les plus divers. On peut affirmer que là, devant Philippe Philippovitch, passait tout le pays ; là venaient des représentants de toutes les classes, de tous les groupes, de toutes les couches sociales, de toutes les opinions, de tous les sexes, de tous les âges. Des citoyens pauvrement vêtus, avec des chapeaux râpés, cédaient la place à des militaires de différentes armes, qui eux-mêmes se voyaient remplacés par des hommes bien vêtus, à cols de castor et faux cols amidonnés. Parmi eux apparaissait parfois la toile brodée d'une chemise russe. Ou une casquette sur des boucles rebelles. Une dame somptueuse avec une hermine sur les épaules. Un bonnet à oreilles, un œil poché. Une adolescente au nez poudré. Un homme à hautes bottes de pêcheur, en sarrau sanglé d'un ceinturon de cuir. Encore un militaire. Un individu glabre, la tête entourée de pansements. Une vieille au menton tremblant et aux yeux morts, qui, on ne sait pourquoi, parlait français avec sa compagne – celle-ci en chaussures d'homme. Une houppelande.

Ceux qui ne pouvaient pas poser leur ventre sur la rambarde se pressaient par-derrière, tantôt brandissant des papiers plus ou moins chiffonnés, tantôt appelant timidement : « Philippe Philippovitch ! » Parfois, dans la foule qui s'écrasait contre la barrière, s'insinuaient des hommes ou des femmes sans pardessus, simplement en corsage ou en veston, et je compris que c'était des acteurs ou des actrices du Théâtre Indépendant.

Mais quels que fussent les gens qui venaient à la barrière, tous, à de rares exceptions près, avaient un air bassement flatteur et souriaient avec obséquiosité. Tous venaient demander quelque chose à Philippe Philippovitch, tous dépendaient de lui, de ce qu'il allait répondre.

Les trois téléphones sonnaient sans répit, et parfois ils emplissaient le petit bureau de leur vrombissement strident tous les trois en même temps. Mais cela ne troublait pas le moins du monde Philippe Philippovitch. De la main droite il prenait le récepteur du téléphone de droite et le calait entre sa joue et son épaule ; de la main gauche il prenait le récepteur de gauche et le portait à son oreille gauche, et de sa main droite libre il prenait l'un des papiers qu'on lui tendait ; il se mettait alors à parler avec ses trois interlocuteurs à la fois : dans le téléphone de gauche, dans celui de droite, avec le visiteur, puis de nouveau dans le téléphone de gauche, puis à droite, avec le visiteur, à gauche, avec le visiteur, à droite, à droite, à gauche, à gauche.

Il raccrochait les deux appareils en même temps, et de ses deux mains libres, il prenait deux papiers. Il en rendait un, décrochait le téléphone mural, écoutait un instant, disait : « Rappelez demain à trois heures », raccrochait, disait au visiteur : « Je ne peux rien faire. »

Avec le temps, je commençai à comprendre ce qu'on demandait à Philippe Philippovitch. On lui demandait des billets.

On lui demandait des billets selon les méthodes les plus diverses. Certains disaient qu'ils arrivaient d'Irkoutsk, qu'ils repartaient dans la nuit et qu'ils ne pouvaient pas s'en aller sans avoir vu *La Fille sans dot*. Un autre disait qu'il conduisait une délégation venue de Yalta en excursion. Un autre n'était ni guide ni sibérien et ne s'en allait nulle part, et disait simplement :

— Pétoukhov, vous vous rappelez ?..

Des actrices ou des acteurs disaient :

— Philia, oh Philia, arrange-nous ça, hein…

Quelqu'un affirmait :

— À n'importe quel prix, ça m'est égal…

— Connaissant Ivan Vassiliévitch depuis vingt-huit ans, chevrotait une vieille coiffée d'un béret où une mite vorace avait laissé un trou, je suis certaine qu'il ne me refusera pas…

— Attendez un instant, coupait Philippe Philippovitch.

Et, sans attendre la suite du discours de la vieille ahurie, il lui tendait un petit rectangle de papier.

— On est huit… commençait un gamin robuste.

Et là aussi, la suite était coupée court par Philippe qui disait :

— Selon les places disponibles…

En donnant un papier.

— Je viens de la part d'Arnold Arnoldovitch… commençait un jeune homme dont les vêtements prétendaient au luxe.

« Attendez un instant », suggérai-je en pensée, mais je m'étais trompé.

— Je ne peux rien faire, répondait abruptement Philia, après avoir jeté un simple coup d'œil au visage du jeune homme.

— Mais Arnold…

— Impossible !

Et le jeune homme disparaissait, comme englouti par la terre.

— Ma femme et moi… intervenait un citoyen bien nourri.

— Demain, ça va ? dit brièvement Philia.

— À vos ordres.

— À la caisse tout de suite ! lançait Philia.

Et tandis que le citoyen se frayait un chemin vers la sortie en tenant à la main un bout de papier, il était déjà en train de crier dans le téléphone : « Non ! Demain ! » tout en lisant de l'œil gauche un papier qu'on venait de lui remettre.

À la longue, je me rendis compte qu'il ne se guidait pas du tout sur l'aspect extérieur des gens, ni, bien entendu, sur les papiers plus ou moins tachés qu'ils lui présentaient. Il y avait des gens modestement, voire pauvrement habillés, qui, contre toute attente de ma part, se voyaient délivrer deux places gratuites au quatrième rang du parterre, tandis que d'autres, bien vêtus, s'en allaient les mains vides. Des délégations venaient d'Astrakhan, d'Eupatoria, de Vologda, de Leningrad, avec de magnifiques mandats officiels, mais ceux-ci restaient sans effet, ou bien provoquaient pour toute réponse : « Dans cinq jours, en matinée », tandis que parfois, des gens modestes et silencieux n'avaient qu'à s'approcher de la barrière et à tendre la main sans rien dire pour recevoir une place.

Après avoir réfléchi à ce que je voyais, je compris que j'avais devant moi un homme doué d'une parfaite connaissance des hommes. Cette révélation me troubla et me fit un peu froid au cœur : cet homme était un connaisseur du cœur humain. Les gens ne pouvaient avoir de secrets pour lui, si profondément cachés fussent-ils. Il devinait leurs désirs les plus dissimulés, il lisait à livre ouvert leurs passions ou leurs vices, il savait tout ce qu'il y avait en eux, y compris ce qu'il y avait de bon. Et surtout, il connaissait les droits de chacun. Il savait qui devait aller au théâtre et quand, qui avait le droit de s'asseoir au quatrième rang du parterre et qui devait se contenter de la foule des troisièmes galeries, et aller s'asseoir sur une marche en caressant l'espoir délirant que soudain, comme par magie, une petite place viendrait à se trouver libre.

Je compris que Philippe Philippovitch avait été à bonne école – à la meilleure.

Comment, du reste, n'aurait-il pas connu les gens, lui qui, en vingt-cinq ans, en avait vu défiler des dizaines de milliers : ingénieurs, chirurgiens, acteurs, militantes féministes, dilapidateurs, ménagères, mécaniciens, professeurs, mezzo-soprani, maçons, guitaristes, voleurs à la tire, dentistes, pompiers, demoiselles sans profession définie, photographes, planificateurs, pilotes, spécialistes de Pouchkine, présidents de kolkhozes, putains clandestines, jockeys, électriciens, vendeuses de grands magasins, étudiants, coiffeurs, architectes, ex-propriétaires, retraités, instituteurs de campagne, viticulteurs, violoncellistes, prestidigitateurs, femmes divorcées, gérants de café, joueurs de poker, homéopathes, accompagnateurs, graphomanes, ouvreuses, chimistes, chefs d'orchestre, joueurs d'échecs, préparateurs, escrocs, comptables, schizophrènes, dégustateurs, manucures, calculateurs, anciens ministres du culte, spéculateurs, phototechniciens.

En quoi des papiers pouvaient-ils être utiles à Philippe Philippovitch ?

Un seul coup d'œil et quelques mots lui suffisaient pour savoir à quoi celui qui se présentait devant lui avait droit, et Philippe Philippovitch donnait sa réponse, et cette réponse était toujours celle qui convenait.

— Hier, disait une dame en émoi, hier, j'ai acheté deux billets pour *Don Carlos*. Je les ai mis dans mon sac, et en rentrant chez moi…

Mais déjà Philippe Philippovitch avait appuyé sur le bouton d'une sonnette et, sans plus regarder la dame, disait :

— Bakvaline ! Deux billets perdus… quel rang ?

— Le onz…

— Au onzième rang ! Laisse entrer. Donne les places. Vérifie !

— À vos ordres ! aboyait Bakvaline.

Et déjà la dame était sortie, et quelqu'un d'autre pesait contre la barrière en disant d'une voix enrouée :

— Je m'en vais demain…

— En voilà des manières ! protestait une dame d'un ton aigre, tandis que ses yeux lançaient des éclairs. Je vous affirme qu'il a seize ans passés ! Ce n'est pas parce qu'il a des culottes courtes…

— Nous ne regardons jamais, chère madame, les culottes que portent les gens ! répondit Philia d'une voix sonore. La loi interdit d'admettre les enfants au-dessous de quinze ans. Assieds-toi là, je suis à toi tout de suite, continua-t-il d'un ton amical en s'adressant à un acteur soigneusement rasé.

— Permettez ! cria la dame scandalisée. Juste à côté, on vient de laisser entrer trois gamins accoutrés je ne sais comment. Je me plaindrai !

— Ce n'était pas des gamins, chère madame, répondit Philia, mais les Lilliputiens de Kostroma.

Il y eut un silence total. Les yeux de la dame s'éteignirent, et Philia, découvrant ses dents, eut un rictus qui la fit sursauter. Les gens qui se pressaient de l'autre côté de la barrière ricanèrent.

Un acteur au visage pâle, l'air souffrant et l'œil trouble, vint soudain s'appuyer de côté contre la barrière, en bredouillant :

— … migraine épouvantable…

Philia, nullement étonné et sans même se retourner, tendit le bras en arrière, ouvrit une petite armoire fixée au mur, prit à tâtons une boîte dont il sortit un petit paquet, et tendit celui-ci au malade en disant :

— Prends ça avec un verre d'eau... Je vous écoute, citoyenne.

Des larmes coulèrent des yeux de la citoyenne, et son chapeau glissa sur son oreille. Le chagrin de la dame était grand. Elle se moucha dans un mouchoir sale. De son discours il ressortait qu'hier, toujours pour le même *Don Carlos*, elle était rentrée chez elle, et voilà qu'elle n'avait plus son sac. Et dans son sac il y avait cent soixante-quinze roubles, un poudrier et un mouchoir.

— Ce n'est pas bien du tout, citoyenne, dit Philia sévèrement. Il faut garder votre argent à la Caisse d'Épargne, pas dans votre sac.

La dame regarda Philia avec des yeux ronds. Elle ne s'attendait pas à ce que son chagrin fût accueilli avec une telle insensibilité.

Mais Philia ouvrit à grand bruit le tiroir de son bureau, et l'instant d'après, le sac fripé à fermoir métallique jauni en forme de naïade se trouvait entre les mains de la dame. Elle balbutiait des mots de remerciements quand Bakvaline entra :

— Le défunt est arrivé, Philippe Philippovitch, annonça-t-il.

En un moment, la lampe s'éteignait, le tiroir se refermait avec fracas et Philia, passant en hâte un manteau, fendait la foule vers la sortie. Comme fasciné, je me laissai entraîner à sa suite ; je me cognai la tête contre le mur au tournant de l'escalier, puis je me retrouvai dans la cour. Près de la porte, un camion enrubanné de rouge était arrêté ; à l'arrière, contemplant le ciel d'automne de ses yeux clos, était étendu un pompier. Son casque étincelant était posé à ses pieds, et sa tête était entourée de branches de sapin. Philia, tête nue et le visage grave, était debout près du camion et donnait à voix basse des instructions à Kouskov, Bakvaline et Klioukvine.

Le camion donna un coup de klaxon et sortit dans la rue. Au même instant, dans l'entrée du théâtre éclatait une fanfare de trombones. Le public s'était arrêté et regardait avec une curiosité indolente ; et le camion s'arrêta également. Dans le hall, on apercevait un homme à barbiche, vêtu d'un manteau, qui agitait en cadence une baguette de chef d'orchestre. Obéissant à ses mouvements, plusieurs instruments de cuivre brillant déversaient dans la rue des sons éclatants. Puis la fanfare se tut aussi soudainement qu'elle avait commencé, et les pavillons dorés et la barbiche rousse disparurent à l'intérieur.

Kouskov sauta dans le camion. Trois pompiers et lui se placèrent aux quatre coins du cercueil, et, accompagné d'un geste d'adieu de Philia, le camion prit le chemin du crematorium. Philia regagna son bureau.

Les grandes villes sont soumises à une pulsation, à une houle perpétuelles – un flux et un reflux incessants. Parfois, sans cause apparente, le flot des visiteurs semblait se tarir, et dans ces rares moments, Philia se laissait aller dans un fauteuil et se permettait un instant de détente, qu'il passait à plaisanter avec l'un ou l'autre.

— Ils m'ont envoyé te voir… disait un acteur d'un autre théâtre.

— Et ils ont bien choisi : un parfait rouspéteur, répondait Philia en riant des lèvres (ses yeux ne riaient jamais).

À la porte du bureau apparut une très jolie dame, vêtue d'un manteau admirablement coupé, un renard argenté sur les épaules. Philia lui fit un grand sourire de bienvenue, en s'écriant :

— *Bonjour*[1], Miss !

En réponse, la dame rit gaiement. Derrière elle, d'une allure dégingandée, entra un jeune garçon de sept ans environ, coiffé d'un béret de marin et pourvu d'une physionomie remarquablement indolente, barbouillée de chocolat et marquée sous l'œil de trois griffures d'ongles. À intervalles réguliers, l'affreux gamin était secoué d'un hoquet. Il était suivi d'une grosse dame d'aspect délabré.

1. Les mots en italique sont en français dans le texte. *(N.d.T.)*

— Phu ! Alliécha ! s'écria celle-ci avec un accent allemand.

— Ah, salut ! lança Philia en tendant la main à l'enfant.

Celui-ci hoqueta et fit une révérence en grattant le plancher du pied.

— Phu ! Alliécha ! chuchota la grosse dame.

— Amélie Ivanovna ! susurra le gamin d'un ton menaçant en lui montrant le poing d'un air sournois.

— Phu ! Alliécha ! dit doucement Amélie Ivanovna.

— Qu'as-tu donc sous l'œil ? demanda Philia.

— Je me suis battu avec Georges, murmura le gamin en hoquetant et en baissant la tête.

— Phu ! Alliécha ! murmura Amélie Ivanovna du bout des lèvres et tout à fait machinalement.

— *C'est dommage !* vociféra Philia en prenant dans son tiroir une tablette de chocolat.

Les yeux troubles du gamin brillèrent, et il prit la tablette.

— Alliécha, phus en afez manché guatorsse auchourd'hui, protesta timidement Amélie Ivanovna.

— Dites pas de mensonges, Amélie Ivanovna, ronchonna le gamin, croyant qu'on ne l'entendrait pas.

— Phu ! Alléchia !

— Philia, vous m'avez complètement oubliée, méchant ! s'exclama la jolie dame d'une voix douce.

— *Non, madame, impossible !* vociféra Philia. *Mais les affaires toujours !*

La dame eut un petit rire semblable au gazouillis d'un oiseau, et donna un coup de son gant sur la main de Philia.

— Savez-vous, reprit-elle avec enthousiasme, que ma Daria fait des beignets, aujourd'hui ? Alors vous viendrez dîner, n'est-ce pas ?

— *Avec plaisir !* proclama Philia, et en l'honneur de la dame, il alluma les yeux de l'ours.

— Mon Dieu, que vous m'avez fait peur, détestable Philia ! s'écria la dame.

— Alliécha ! Recardez le pel ours ! On tirait qu'il est phiphant ! s'exclama Amélie Ivanovna avec un ravissement affecté.

— Je veux aller voir ! hurla le gamin en se précipitant à la barrière.

— Phu ! Alliécha !

— Amenez Argounine avec vous ! reprit la jolie dame, illuminée par l'enthousiasme.

— *Il joue !*

— Qu'il vienne après le spectacle, alors ! dit la dame en tournant le dos à Amélie Ivanovna.

— *Je transporte lui.*

— Oui, très bien ! Comme vous êtes gentil ! À propos, Philienka, j'ai une prière à vous adresser. Vous ne pourriez pas trouver une petite place, pour une vieille femme, à *Don Carlos ?* Dites ? Même aux galeries ? Dites, mon très cher ?

— C'est une couturière ? demanda Philia, qui avait tout compris rien qu'en regardant la dame.

— Fi, que vous êtes laid ! s'écria celle-ci. Pourquoi forcément une couturière ? Elle est veuve d'un professeur, et maintenant...

— Elle fait de la couture, acheva machinalement Philia, tout en écrivant sur son bloc-notes : « Coutur. 1re gal. côté, 13. »

— Comment avez-vous deviné ? demanda la dame, embellie par le plaisir.

— Philippe Philippovitch ! brailla Bakvaline. La Direction vous demande au téléphone !

— Tout de suite !

— Pendant ce temps-là, je téléphone à mon mari, dit la dame.

Philia sortit en coup de vent. La dame décrocha et forma un numéro.

— Le cabinet de l'administrateur, s'il vous plaît. Allô ! Comment vas-tu ? J'ai invité Philia à venir manger les beignets avec nous aujourd'hui... Ça ne fait rien, dors une petite heure. Oui, j'ai invité aussi Argounine... Non, ça ne m'est guère commode... C'est ça, adieu, mon bijou... Mais qu'as-tu, tu as une voix toute désolée, on dirait ? Bon, je t'embrasse.

Enfoncé dans le dossier de moleskine d'un divan, je rêvais à ce monde étonnant, monde de sérénité et de délices… Je me représentais en pensée l'appartement de cette dame inconnue. Je ne sais pourquoi, je le voyais immense, j'imaginais une vaste entrée aux murs blancs avec un tableau dans un cadre doré, un parquet luisant dans toutes les chambres, dans le grand salon un piano à queue, et un tapis de haute !…

Un faible gémissement accompagné d'un hideux borborygme interrompit mon rêve, et j'ouvris les yeux.

Le gamin, d'une pâleur mortelle et les yeux révulsés, était assis sur le divan, jambes écartées. La dame et Amélie Ivanovna s'étaient élancées vers lui. La dame était toute pâle.

— Aliocha ! s'écria-t-elle, que t'arrive-t-il ?

— Phu ! Alliécha ! Gue t'arriphe-t-il ? répéta Amélie Ivanovna d'une voix aiguë.

— J'ai mal à la tête, répondit le gamin d'une voix de baryton chevrotante, tandis que son béret glissait sur ses yeux.

Et soudain, ses joues se gonflèrent et il devint blême.

— Mon Dieu ! s'écria la dame.

Quelques minutes plus tard, un taxi découvert entrait en trombe dans la cour, avec Bakvaline debout à son bord.

On essuya la bouche du gamin avec un mouchoir, et, en le soutenant sous les bras, on le conduisit hors du bureau.

… Adieu ! Adieu à ce bureau, monde merveilleux ! Adieu, Philia ! Bientôt je n'existerai plus ! Souvenez-vous de moi, vous aussi !

12. Sivtsev Vrajek

Je n'ai gardé aucun souvenir de la fin du travail avec Toropietskaïa. Mais à peine avais-je commencé à réfléchir à ce qu'il adviendrait ensuite, que le destin se chargeait de me l'apprendre.

C'est Klioukvine qui m'apporta la lettre.

« Très honoré Léonti Serguéiévitch… »

Pourquoi diable veulent-ils que je m'appelle Léonti Serguéiévitch ? Peut-être est-ce plus facile à dire que Serguéi Léontiévitch ? Du reste, peu importe !

« … Vous devez lire votre pièce à Ivan Vassiliévitch. À cette fin, il convient de vous présenter à Sivtsev Vrajek[1] le lundi 13 courant à midi. Votre profondément dévoué

« Thomas STRIJ. »

Je lus cette lettre avec une extrême agitation, car je comprenais son exceptionnelle importance.

1. Vieille rue du centre de Moscou. *(N.d.T.)*

Je décidai de me présenter ainsi : col amidonné, cravate bleue, costume gris. Pour ce dernier, le choix fut aisé : c'était le seul costume mettable que je possédais.

En outre : observer une tenue courtoise, mais digne, et surtout – Dieu m'en préserve ! – pas trace d'obséquiosité.

Le 13, je m'en souviens très bien, était le lendemain. Je décidai donc, dès le matin, d'aller voir Bombardov au théâtre.

Les instructions qu'il me donna me parurent d'une extravagante bizarrerie.

— Vous passerez devant une grande maison grise, dit Bombardov, et là, vous tournerez à gauche dans une petite impasse. De là, vous trouverez facilement. C'est une maison à colonnes, avec une grille en fer forgé. Il n'y a pas d'entrée sur la rue, vous passerez donc par la cour. Là, vous verrez un homme en houppelande qui vous demandera : « Vous désirez ? », et vous lui répondrez d'un seul mot : « Convocation. »

— C'est le mot de passe ? demandai-je. Et si l'homme n'est pas là ?

— Il y sera, dit froidement Bombardov, qui reprit : Après le coin, juste à l'opposé de l'homme à la houppelande, vous verrez une automobile sans roues, montée sur un cric, et à côté, un seau et un homme en train de laver la voiture.

— Vous y êtes allé aujourd'hui ! m'écriai-je avec un grand trouble.

— J'y suis allé il y a un mois.

— Alors comment savez-vous s'il y aura un homme en train de laver une automobile ?

— Parce qu'il la lave tous les jours, après avoir enlevé les roues.

— Mais alors, quand Ivan Vassiliévitch prend-il sa voiture ?

— Jamais.

— Pourquoi ?

— Et où voulez-vous qu'il aille avec ?

— Eh bien, je ne sais pas. Au théâtre, par exemple ?

— Ivan Vassiliévitch se rend au théâtre deux fois par an, aux répétitions générales. Ces jours-là, on commande pour lui le fiacre de Drykine.

— Magnifique ! Mais vraiment, à quoi bon un fiacre quand on a une voiture ?

— Bien, mais si le chauffeur meurt d'une crise cardiaque au volant, et envoie l'auto dans une vitrine, qu'est-ce qu'il faudra faire, d'après vous ?

— Permettez, et si le cheval s'emballe ?

— Le cheval de Drykine ne s'emballe jamais. Il ne va qu'au pas. Donc, juste en face de l'homme au seau, vous verrez une porte. Vous entrerez et vous monterez par un escalier de bois. En haut, il y aura une autre porte. Vous entrerez. Là, vous verrez un buste d'Ostrovski en bronze, et en face, une colonnade blanche et un poêle tout noir. Près du poêle, il y aura un homme en bottes de feutre, accroupi, en train de le tisonner.

Je me mis à rire.

— Vous êtes absolument certain qu'il y sera, et qu'il sera accroupi ?

— Absolument certain, répondit sèchement Bombardov, sans rire le moins du monde.

— Je serai curieux de vérifier.

— Vérifiez. Il vous demandera avec inquiétude : « Où allez-vous ? », et vous répondrez...

— Convocation ?

— Oui. Alors il vous dira : « Enlevez votre manteau ici. » Et vous arriverez dans l'entrée, où vous serez accueilli par une infirmière qui vous demandera : « Vous désirez ? » Vous répondrez...

J'acquiesçai d'un signe de tête.

— En premier lieu, Ivan Vassiliévitch vous demandera ce que faisait votre père. Que faisait-il ?

— Il était vice-gouverneur.

Bombardov fit la grimace.

— Euh... non, je crois que ça n'ira pas. Non, non. Vous direz qu'il était employé de banque.

— Ça ne me plaît pas. Pourquoi est-ce que je dois mentir dès le début ?

— Parce que sinon, ça peut l'effrayer, et puis...

Je me contentai de le regarder fixement.

— … employé de banque ou autre chose, qu'est-ce que cela peut vous faire ?… Ensuite, il vous demandera ce que vous pensez de l'homéopathie. Vous direz que vous avez pris des gouttes pour l'estomac l'année dernière, et qu'elles vous ont fait beaucoup de bien.

À ce moment, des sonneries retentirent, et Bombardov, qui devait aller à une répétition, se hâta de me donner ses dernières recommandations.

— Vous ne connaissez pas Micha Panine. Vous êtes né à Moscou. En ce qui concerne Thomas, dites qu'il ne vous a pas plu. Quand vous en viendrez à parler de la pièce, ne faites aucune objection. Au troisième acte, vous avez une scène avec un coup de feu : ne la lisez pas…

— Comment ? Mais mon personnage se tue d'un coup de revolver !

Les sonneries retentirent de nouveau. Bombardov s'éloigna en courant dans la pénombre, et je l'entendis crier, d'une voix déjà affaiblie par la distance :

— Sautez le coup de revolver ! Et ne soyez pas enrhumé !

Encore abasourdi par les incompréhensibles recommandations de Bombardov, j'entrais à midi précis dans l'impasse qui donnait sur le Sivtsev Vrajek.

L'homme à la houppelande n'était pas dans la cour, mais, juste à la place qu'il devait occuper, d'après

Bombardov, il y avait une vieille femme avec un fichu sur la tête.

— Vous désirez ? me demanda-t-elle en me regardant d'un air soupçonneux.

Le mot « convocation » parut la satisfaire pleinement, et je tournai le coin. Exactement à l'endroit prévu, il y avait une voiture de couleur café au lait, mais elle avait ses quatre roues. Un homme était en train de passer un chiffon sur la carrosserie. Par terre, à côté de la voiture, étaient posés un seau, et une sorte de bonbonne.

Suivant à la lettre les indications de Bombardov, je trouvai mon chemin sans me tromper, ce qui me conduisait jusqu'au buste d'Ostrovski. « Hé, hé ! » fis-je, en pensant à Bombardov : dans le poêle flambait joyeusement du bois de bouleau, mais personne n'était accroupi à côté. Cependant, je commençais à peine à ricaner qu'une antique et sombre porte de chêne ciré s'ouvrit, livrant passage à un vieux birbe chaussé de bottes de feutre rapiécées, qui tenait un tisonnier à la main. En me voyant, il sursauta et battit des paupières, effrayé.

— Qu'est-ce que vous voulez, citoyen ? demanda-t-il.

— Convocation, répondis-je, goûtant la puissance du mot magique.

Le visage du vieux birbe s'éclaira, et d'un vague mouvement de son tisonnier, il m'indiqua une porte au-dessus de laquelle brûlait une lanterne immémoriale. J'ôtai mon manteau, pris ma pièce sous mon bras et frappai à la porte. Aussitôt, je perçus de l'autre côté le cliquetis d'une chaîne qu'on détachait, le bruit d'une clef tournant dans la serrure, et je vis apparaître une femme en blouse et serre-tête blancs.

— Vous désirez ? demanda-t-elle.

— Convocation, répondis-je.

Elle s'effaça pour me laisser entrer, puis me regarda avec attention.

— Il fait froid, dehors ? demanda-t-elle.

— Non, dis-je, il fait très beau. L'été de la Saint-Martin.

— Vous n'êtes pas enrhumé ?

Je sursautai, puis me rappelai Bombardov et répondis :

— Non, non, pas du tout.

— Frappez ici et entrez, dit la femme d'un ton sévère, et elle se retira.

Avant de frapper à la sombre porte armée de ferrures que l'on m'indiquait, je regardai autour de moi. Un poêle de faïence blanche, et d'énormes armoires dont j'ignorais la destination, étaient disposés dans la pièce. Cela sentait la menthe, et encore je ne sais quelle herbe à l'odeur agréable. Le silence était total, mais fut brutalement rompu par un carillon d'horloge rauque et profond, qui sonna douze coups, et qui fut aussitôt suivi par le chant affolé d'un coucou dissimulé dans le coin d'une armoire.

Je frappai à la porte, puis je pesai sur un énorme et lourd anneau, et j'entrai dans une grande chambre lumineuse.

Très troublé, je ne vis d'abord rien d'autre qu'un divan, sur lequel était assis Ivan Vassiliévitch. Il était exactement tel que sur le portrait quoiqu'un peu plus jeune et de meilleure mine. Ses moustaches noires à peine touchées de gris étaient élégamment frisées. Un lorgnon pendait à une chaînette d'or fixée à sa poitrine. Mais je fus surtout frappé par le charme du sourire d'Ivan Vassiliévitch.

— Très heureux, dit-il en grasseyant légèrement. Asseyez-vous, je vous prie.

Je m'assis dans un fauteuil.

— Vos prénom et patronyme ? demanda-t-il en me regardant avec affabilité.

— Serguéi Léontiévitch.

— Très heureux ! Eh bien, comment vous portez-vous, Serguéi Paphnutiévitch ?

Et, toujours affable, Ivan Vassiliévitch tambourina des doigts sur la table placée près de lui, où se trouvaient un bout de crayon et un verre d'eau, je ne sais pourquoi recouvert d'un papier.

— Très bien, je vous remercie infiniment.

— Vous n'avez pas l'impression d'avoir pris froid ?

— Non.

Ivan Vassiliévitch geignit un peu, puis demanda :

— Et comment va la santé de votre cher père ?

— Mon père est mort.

— Désolé, répondit Ivan Vassiliévitch. Mais à qui vous êtes-vous adressés ? Qui l'a soigné ?

— Je ne peux pas vous dire exactement... Il me semble que c'est le professeur... le professeur Iankovski.

— Erreur ! répliqua Ivan Vassiliévitch. Il fallait vous adresser au professeur Plétouchkov. Ainsi, il ne serait rien arrivé.

Je fis exprimer à mon visage le regret de ne m'être pas adressé au professeur Plétouchkov.

— Ou mieux encore... hum... hum... à un homéopathe, continua Ivan Vassiliévitch. Ils sont d'un grand secours... pour tout le monde... vraiment extraordinaire... – il jeta un rapide coup d'œil à son verre – vous ne croyez pas à l'homéopathie ?

« Quel type épatant, ce Bombardov ! » pensai-je, mais je répondis vaguement :

— D'un côté, bien sûr... personnellement, je... bien que beaucoup n'y croient pas...

— Erreur ! dit Ivan Vassiliévitch. Quinze gouttes, et vous ne sentez plus rien !

De nouveau, il geignit, puis reprit :

— Et votre papa, Serguéi Pamphilytch, que faisait-il ?

— Serguéi Léontiévitch, dis-je aimablement.

— Mille excuses ! s'écria Ivan Vassiliévitch. Alors, que faisait-il ?

« Je ne veux pas mentir » pensai-je, et je répondis :

— Il était vice-gouverneur.

Cette nouvelle chassa immédiatement le sourire du visage d'Ivan Vassiliévitch.

— Bon, bon, bon, dit-il d'un air soucieux.

Puis il se tut, tambourina un instant, et dit enfin :

— Eh bien, commençons.

J'ouvris le manuscrit, toussai – ce qui me glaça d'effroi, – toussai encore, et commençai à lire.

Je lus le titre, puis la longue liste des personnages, et passai enfin à la lecture du premier acte. « Dans le lointain, de petites lumières. Une cour, enfouie sous la neige. Sur le côté, une porte donnant sur une maison, où l'on entend les notes assourdies d'un piano. On joue *Faust*… »

Vous est-il jamais arrivé de lire une pièce à haute voix, seul à seul avec quelqu'un ? Ce n'est pas une chose facile, je vous l'assure. De temps à autre, je levais les yeux sur Ivan Vassiliévitch, et m'épongeais le front avec un mouchoir.

Ivan Vassiliévitch était assis, parfaitement immobile, et il me regardait à travers son lorgnon, sans me quitter des yeux. Mais ce qui me déconcertait au plus haut point, c'était qu'il n'eût pas l'ombre d'un sourire, bien qu'il y eût, déjà dans le premier tableau, des passages assez drôles. Les acteurs avaient beaucoup ri – et l'un d'eux jusqu'aux larmes – lorsqu'ils en avaient écouté la lecture.

Quant à Ivan Vassiliévitch, non seulement il ne rit pas, mais il cessa même de geindre. Et à chaque fois que je levais mon regard sur lui, je voyais la même chose : un lorgnon d'or dirigé vers moi, et derrière, des yeux grands ouverts, immobiles et fixes. La conséquence immédiate de tout cela fut que les passages amusants ne me semblèrent plus drôles du tout.

J'arrivai ainsi à la fin du premier tableau et entamai le second. Le profond silence qui régnait ici n'était troublé que par ma voix monotone, semblable à celle d'un sacristain lisant une oraison funèbre.

Je me sentais peu à peu envahi par une espèce d'apathie, et par l'envie de refermer – tout de suite et définitivement – l'épais cahier. Il me semblait que, d'un instant à l'autre, Ivan Vassiliévitch allait dire d'un ton lourd de menace : « Est-ce que tout cela ne va pas bientôt finir ? » Ma voix devenait de plus en plus enrouée, et je devais tousser pour l'éclaircir, de sorte que tantôt je lisais d'une voix de ténor, tantôt d'une basse caverneuse, et que par deux fois je déraillai dans l'aigu et lâchai inopinément deux canards qui ne firent rire personne – ni Ivan Vassiliévitch, ni moi.

L'apparition soudaine de la femme en blanc apporta un certain soulagement. Elle arriva sans bruit, et à son entrée, Ivan Vassiliévitch regarda vivement sa montre. La femme lui tendit un petit verre. Ivan Vassiliévitch avala le médicament, puis le fit passer à l'aide d'une gorgée d'eau qu'il prit dans le grand verre posé sur la table. Ensuite, il recouvrit celui-ci de son couvercle de papier, et regarda l'heure de nouveau. La femme fit à Ivan Vassiliévitch une profonde révérence, à l'ancienne mode russe, et sortit d'une démarche de reine.

— Eh bien, veuillez continuer, dit Ivan Vassiliévitch – et je me remis à lire. Au loin, le coucou lança son cri. Puis, quelque part derrière un paravent, un téléphone sonna.

— Excusez-moi, dit Ivan Vassiliévitch, c'est l'administration qui m'appelle, pour une affaire très importante... Oui, dit-il derrière le paravent, oui... hum, hum... tout ça, ça vient de la même clique. Je vous ordonne de garder là-dessus un secret absolu. Ce soir, je recevrai ici un homme de confiance, et nous élaborerons un plan...

Ivan Vassiliévitch revint à sa place, et nous atteignîmes la fin du cinquième tableau. C'est au moment où je commençais le sixième que se déclencha une série d'événements extraordinaires. Je perçus d'abord, sans pouvoir déterminer d'où il venait, le claquement d'une porte ; puis des sanglots déchirants, qui me semblèrent tout à fait artificiels. À ce moment, une porte – non pas celle par où j'étais entré, mais une autre, qui devait conduire dans l'intérieur de l'appartement – s'ouvrit avec fracas. Un gros chat à fourrure tigrée se rua dans la pièce, apparemment sous l'empire d'une terreur démoniaque. Arrivé à ma hauteur, il changea brutalement de direction et fila vers la fenêtre, devant laquelle pendait un rideau de tulle. Il y bondit, s'y accrocha de toutes ses griffes et se mit à grimper avec une hâte fébrile. Mais le tulle ne résista pas à son poids, et tout de suite, de grands trous s'y formèrent. Indifférent aux déchirures qu'il produisait dans le léger tissu, le chat parvint au haut du rideau, et de là, il regarda en bas, dans toutes les directions, avec des yeux affolés. Ivan Vassiliévitch lâcha alors son lorgnon, et Ludmila Sylvestrovna Priakhina fit son entrée. À peine l'eut-il aperçue que le chat voulut grimper plus haut encore, mais il fut aussitôt arrêté par le plafond. Il tomba de la corniche et resta pendu au rideau, le poil hérissé et les pattes raides.

Priakhina fit une entrée impétueuse, les yeux fermés, pressant d'une main contre son front un mouchoir roulé en boule et mouillé, mais tenant dans l'autre un mouchoir de dentelle, sec et propre. Parvenue au milieu de la chambre, elle mit un genou en terre, sa tête retomba sur sa poitrine et elle tendit le bras devant elle, comme un noble captif rendant son épée au vainqueur.

— Je ne bougerai pas d'ici, glapit Priakhina, tant que mon maître n'aura pas pris ma défense ! Pélikan est un traître ! Dieu voit tout ! Tout !

À ce moment le tulle craqua, et une déchirure d'un demi-mètre s'ouvrit juste au-dessus du chat.

— Dehors ! Ouste ! hurla Ivan Vassiliévitch avec fureur, en claquant dans ses mains.

Le chat dégringola du rideau en le lacérant jusqu'en bas et bondit hors de la pièce. Mais Priakhina éclata en sanglots tumultueux et assourdissants, et, le visage enfoui dans ses mains, cria d'une voix étranglée par les larmes :

— Qu'est-ce que j'entends ? Qu'est-ce que j'entends ? Est-ce possible ? Mon maître – mon bienfaiteur – me chasse ? Mon Dieu ! Mon Dieu ! Vous voyez tout !

— Ludmila Sylvestrovna ! Je vous en prie, revenez à vous ! s'écria Ivan Vassiliévitch avec désespoir.

À la porte apparut une vieille femme, qui cria :

— Mignonne ! Venez ! Devant un étranger !...

À ces mots, Ludmila Sylvestrovna ouvrit les yeux et distingua mon costume gris, dans le fauteuil gris où j'étais assis. Ses yeux s'agrandirent et – à ce qu'il me sembla – ses larmes se tarirent instantanément. Elle se releva d'un bond, balbutia : « Seigneur ! » et se précipita dehors. La vieille disparut avec elle, et la porte se referma.

Nous gardâmes le silence. Après une longue pause, Ivan Vassiliévitch se mit à tambouriner sur la table.

— Eh bien, cela vous a plu ? demanda-t-il. Puis il ajouta, avec chagrin : Seulement, mon rideau est fichu.

Nouveau silence.

— Cette scène, je pense, vous a grandement étonné ? s'informa Ivan Vassiliévitch, et il se mit à geindre doucement.

Il se mit à geindre, et moi, je m'agitai dans mon fauteuil, mal à l'aise, ne sachant décidément que répondre, car cette scène ne m'avait pas étonné le moins du monde. J'avais parfaitement compris que c'était la suite de la scène de l'étuve, que Priakhina avait tenu sa promesse de venir se jeter aux pieds d'Ivan Vassiliévitch.

— C'était une répétition, déclara tout à coup celui-ci. Vous avez cru, sans doute, qu'il s'agissait simplement d'un scandale ? d'un affreux scandale ? Hein ?

— Admirable, dis-je, en détournant les yeux.

— Voyez-vous, nous aimons, parfois aux moments les plus inattendus, nous remettre en mémoire telle ou telle scène... hum... hum... les exercices, c'est très important... Pour Pélikan, ne croyez pas que… Pélikan est un homme d'un grand courage, et… extrêmement utile !… – Ivan Vassililiévitch jeta au rideau un regard peiné, et dit : Eh bien, continuons…

Mais nous ne pûmes continuer, car la vieille qui était apparue à la porte tout à l'heure entra de nouveau.

— Nastassia Ivanovna, ma bonne tante, dit Ivan Vassiliévitch.

Je m'inclinai. La vieille femme, qui avait un visage agréable, me regarda avec aménité, s'assit et demanda :

— Comment va votre santé ?

— Je vous remercie infiniment, dis-je en m'inclinant de nouveau. Je suis en parfaite santé.

Il y eut un silence, pendant lequel la bonne tante et Ivan Vassiliévitch, après avoir considéré le rideau, échangèrent un regard chargé d'amertume.

— À quoi Ivan Vassiliévitch doit-il le plaisir de votre visite ? demanda la tante.

— Léonti Serguéiévitch, répondit Ivan Vassiliévitch, m'a apporté une pièce.

— Une pièce de qui ? demanda la vieille femme en me regardant d'un air affligé.

— C'est Léonti Serguéiévitch lui-même qui l'a écrite.

— Pour quoi faire ? demanda Nastassia Ivanovna avec anxiété.

— Comment, pour quoi faire ? Hum… hum…

— Est-ce qu'il n'y a plus de pièces ? demanda Nastassia Ivanovna, toujours affable, mais réprobatrice. Il y en a d'excellentes ! Et des quantités ! On pourrait commencer à les jouer, et au bout de vingt ans, on n'aurait pas fini ! Alors, à quoi bon se donner le mal d'écrire des pièces ?

Elle était si convaincante que je ne sus que dire. Mais Ivan Vassiliévitch tambourina et répondit :

— Léonti Léontiévitch a écrit une pièce contemporaine !

À ces mots, la vieille femme montra une vive inquiétude.

— Nous ne voulons inciter personne à se révolter contre le pouvoir, dit-elle.

— En effet, à quoi cela servirait-il ? dis-je d'un ton approbateur.

— Mais… vous n'aimez pas *Les Fruits de l'instruction ?* reprit craintivement Nastassia Ivanovna. Quelle bonne pièce, pourtant… Et Mignonne a un rôle… – Elle se leva, soupira. – Présentez mes compliments, s'il vous plaît, à votre papa.

— Le papa de Serguéi Serguéiévitch est mort, annonça Ivan Vassiliévitch.

— C'est la volonté du Ciel, dit la vieille femme avec respect. Votre père ne sait pas, sans doute, que vous écrivez des pièces. De quoi est-il mort ?

— Ils n'ont pas appelé le docteur qu'il fallait, dit Ivan Vassiliévitch. Léonti Paphnutiévitch m'a raconté cette pénible histoire.

— Mais quel est donc votre petit nom ? dit Nastassia Ivanovna. Je ne comprends pas bien. Léonti ? Serguéi ? Est-ce qu'on permet aussi de changer les prénoms, maintenant ? Nous en connaissons un qui a déjà changé son nom de famille. Comment s'y retrouver, et savoir qui est qui ?

— Je m'appelle Serguéi Léontiévitch, dis-je agacé.

— Mille excuses ! s'exclama Ivan Vassiliévitch. C'est moi qui me suis embrouillé !

— Allons, je ne veux pas vous déranger, dit la vieille.

— Il faudra fouetter le chat, recommanda Ivan Vassiliévitch. Ce n'est pas un chat, c'est un bandit. En général, nous avons vaincu le banditisme, remarqua-t-il sur un ton de confidence – aussi, nous ne savons plus que faire !

C'est à la tombée du crépuscule que se produisit la catastrophe.

Je lus ces mots :

« *Bakhtine* (à Pétrov). – Eh bien, adieu ! Mais très bientôt, tu me rejoindras...

« *Pétrov*. – Qu'est-ce que tu fais ?

« (Bakhtine se tire une balle dans la tempe. Il tombe. Au loin, on entend un accor...) »

Mais Ivan Vassiliévitch s'écria aussitôt :

— Pourquoi cela ? Voilà qui est tout à fait superflu ! Il faut supprimer cela, sans perdre une seconde ! Un coup de feu ! Rendez-vous compte ! Pour quoi faire ?

— Mais il doit mourir, il doit se suicider ! dis-je en toussant.

— Et c'est très bien ! Qu'il meure, mais en se donnant un coup de poignard.

— C'est que, vous comprenez, cela se passe pendant la guerre civile... on ne se servait plus guère de poignards...

— Mais si, on s'en servait, répliqua Ivan Vassiliévitch. C'est ce... comment s'appelle-t-il, déjà... enfin, j'ai oublié... qui m'a raconté qu'on s'en servait encore... Vous supprimerez ce coup de pistolet !

Je me tus, puis – funeste erreur – je continuai à lire :

« ... un accordéon, et plusieurs coups de feu épars. Sur le pont apparaît un homme, un fusil à la main. La lune... »

— Mon Dieu ! s'écria Ivan Vassiliévitch. Des coups de feu ! Encore ! Mais c'est une calamité ! Écoutez, Léon... Écoutez, il faut supprimer toute cette scène. Elle est inutile.

— Pour moi, dis-je aussi doucement que je le pouvais, c'est la scène principale. Voyez-vous...

— Erreur complète ! coupa Ivan Vassiliévitch. Non seulement cette scène n'est pas la principale, mais elle ne doit même pas exister ! Qu'est-ce que tout cela ? Votre… là… comment s'appelle-t-il ?…

— Bakhtine.

— Bon, oui, oui… Eh bien, qu'il se poignarde au loin – et Ivan Vassiliévitch, d'un geste de la main, indiqua quelque horizon extrêmement éloigné – et un autre va chez lui voir sa mère et lui dit : « Bekhtéiev s'est poignardé ! »

— Mais il n'a pas de mère ! m'écriai-je abasourdi, en regardant stupidement le verre d'eau et son couvercle de papier.

— Il en faut une, absolument ! Vous l'ajouterez. Ce n'est pas difficile. À première vue, on croit que c'est difficile : pas de mère – et tout à coup – une mère – mais c'est une fausse impression. C'est très facile. Et la pauvre vieille sanglote à la maison, et celui qui a apporté la nouvelle… appelez-le Ivanov…

— Mais c'est Bakhtine le héros de la pièce ! Il dit un monologue sur le pont… je pensais…

— Eh bien, c'est Ivanov qui le dira, son monologue ! tout entier !… Vous avez de bons monologues, il faut les garder. Donc, Ivanov dira : « Pétia s'est poignardé, et avant de mourir, il a dit ceci, ceci, et cela… » Cela fera une scène très forte.

— Mais comment voulez-vous, Ivan Vassiliévitch ?… Enfin, sur ce pont, il y a des scènes de masse… Des foules se heurtent…

— Eh bien, qu'elles se heurtent dans les coulisses ! En aucun cas nous ne devons voir cela sur la scène : ce serait épouvantable ! C'est un bonheur pour vous, Serguéi Léontiévitch, ajouta Ivan Vassiliévitch, – que le hasard, pour une fois, fit tomber juste, – que vous ne connaissiez pas un certain Micha Panine ! – Mon sang se figea.

— Vraiment, c'est un individu étonnant ! Nous le gardons pour les mauvais jours, et quand par hasard il arrive quelque chose, nous le lâchons là-dessus !... Eh bien, lui aussi, il nous a fourni une petite pièce – un tour de sa façon, on peut le dire ! – qui s'appelle *Stenka Razine*. Un jour, j'arrive au théâtre, et j'étais à peine descendu du fiacre que j'entends, par les fenêtres ouvertes, un véritable tintamarre, des sifflements, des cris, des bordées d'injures, et des coups de fusil qui claquent partout ! Le cheval a failli s'emballer, et j'ai cru qu'il y avait une émeute dans le théâtre. Mais – horreur ! – c'était Strij qui répétait ! Alors je dis à Augusta Avdéievna : « Non mais, qu'est-ce que c'est que ça ? Vous voulez que je sois fusillé, moi aussi ? Et quand le Strij aura mis le feu au théâtre, vous croyez qu'on va me passer la main dans le dos et me féliciter, je suppose ? » Augusta Avdéievna, qui est une femme courageuse, il faut dire ce qui est, me répond : « C'est ma faute, punissez-moi, Ivan Vassiliévitch, mais je n'arrive à rien avec Strij ! C'est une peste dans notre théâtre, ce Strij ! Si vous le rencontrez, faites un détour d'une verste et fuyez aussi loin que vous pouvez. » – Je me figeai une fois de plus. – Naturellement, tout cela, c'est avec la bénédiction d'un certain Aristarque Platonovitch – mais vous ne le connaissez pas, Dieu merci !... Et vous, là-dessus, vous venez avec vos coups de feu ! Est-ce que vous vous rendez compte des conséquences qu'ils peuvent avoir, vos coups de feu ?... Enfin, continuons.

Et nous continuâmes, et l'obscurité était presque complète quand je prononçai d'une voix rauque le mot :

— Fin.

Et aussitôt, l'effroi et la consternation fondirent sur moi : j'eus l'impression que je venais de construire ma maison et que, au moment précis où je m'y installais enfin, le toit s'effondrait sur ma tête.

— Très bien, dit Ivan Vassiliévitch. Il ne vous reste plus qu'à vous mettre au travail sur ce canevas.

Je voulus crier : « Quoi ? »

Mais je ne criai rien.

Et Ivan Vassiliévitch, qui décidément y prenait goût, entreprit de m'expliquer de façon détaillée le travail que j'aurais à faire sur « ce canevas ». D'abord, transformer en mère la sœur qui existait dans la pièce. Mais comme la sœur avait un fiancé, et qu'une mère de cinquante-cinq ans (Ivan Vassiliévitch la baptisa du même coup Antonina) ne pouvait décemment pas en avoir, le rôle du fiancé – un rôle que je considérais comme important et qui me plaisait beaucoup – fut balayé.

L'ombre s'épaississait dans la chambre. L'infirmière entra, fit prendre à Ivan Vassiliévitch de nouvelles gouttes, puis sortit. Ensuite, une vieille toute ridée et ratatinée apporta une lampe de table – et ce fut le soir.

Je ne sais quel désordre se fit alors dans ma tête, mais des marteaux se mirent à cogner contre mes tempes. J'avais très faim, et un bruit incongru remonta de mon estomac et s'envola, sans que je pusse le retenir. De temps à autre, la chambre se mettait à tanguer devant mes yeux. Mais surtout, la scène du pont fut balayée à son tour, et mon héros disparut avec elle.

L'essentiel, cependant, était peut-être le fait, de plus en plus évident, qu'un énorme quiproquo était en train de se nouer. L'affiche où ma pièce était déjà inscrite surgit devant mes yeux, je sentis dans ma poche le froissement du dernier billet de dix roubles que j'avais touché – les autres étaient déjà mangés – et j'entendis Thomas Strij affirmer à mon oreille que la pièce sortirait dans deux mois, – alors qu'il était désormais parfaitement clair qu'il n'y avait plus de pièce, qu'il fallait en récrire une du commencement jusqu'à la fin. Et dans ma tête, les scènes de l'étuve, et Micha Panine, et Eulampe, et Strij se mêlaient en une danse de sauvages, mais il n'y avait plus de pièce.

Ce qui arriva ensuite, cependant, était tout à fait imprévu, et même, pour moi, inconcevable…

Après m'avoir montré – et de façon excellente – comment devait se poignarder Bakhtine, qu'Ivan Vassiliévitch avait baptisé une fois pour toutes Bekhtéiev, il poussa un de ses habituels gémissements, et dit :

— Voilà la pièce que vous devez écrire… Elle vous rapportera en peu de temps une fortune colossale… Un profond drame psychologique… Le destin d'une artiste. Imaginons un royaume quelconque, où vit une belle actrice, et voici qu'une bande d'ennemis la persécute, la harcèle, ne lui laisse pas un instant de répit… Mais elle, elle ne répond à leurs attaques qu'en priant pour eux…

« D'où un scandale », pensai-je, soudain envahi d'une bouffée de colère.

— Et elle adresse ses prières… à Dieu, Ivan Vassiliévitch ?

Cette question laissa Ivan Vassiliévitch perplexe. Il geignit et répondit :

— Dieu ?… Hum… hum… Non, non, impossible. À Dieu… non, n'écrivez pas cela. Elle adressera ses prières… pas à Dieu, mais à… à l'Art, c'est cela, à l'Art, auquel elle a voué sa vie. Et la bande de scélérats la persécute, et cette bande est menée en sous-main par un magicien… euh… le Magicien Noir. Vous écrirez qu'il est parti en voyage, en Afrique, et qu'il a transmis son pouvoir à une certaine dame X.

Une femme abominable. Elle se tient toujours derrière un pupitre, et elle est capable de tout. Par exemple, vous prenez le thé en sa compagnie, vous la surveillez attentivement, et elle, en mettant du sucre dans votre tasse, elle…

« Bonté divine ! Mais il est en train de parler de Toropietskaïa ! », pensai-je.

— … bref, vous buvez une gorgée, et hop ! on vous emporte les pieds devant. En plus d'elle, il y a aussi un horrible scélérat, un nommé Strij… c'est-à-dire je… enfin, un metteur en scène…

Je regardai Ivan Vassiliévitch d'un air stupide. Le sourire s'était effacé peu à peu de son visage, et je m'aperçus que son regard était dépourvu de toute amabilité.

— À ce que je vois, vous êtes un homme têtu, dit-il sombrement, et il pinça les lèvres.

— Non, Ivan Vassiliévitch, seulement, je connais très mal le monde du théâtre, et…

— Vous l'étudierez ! C'est très facile. Nous avons, dans notre théâtre, de tels personnages que vous en serez tout simplement enthousiasmé ! En un rien de temps, vous aurez un acte ou deux ! Il y a des types qui se promènent chez nous, dont on se demande s'ils ne vont pas chiper une paire de bottes dans une loge, ou vous planter une bonne lame finlandaise entre les deux épaules.

— Épouvantable, dis-je d'une voix mourante en portant un doigt à ma tempe.

— Je vois que cela ne vous passionne pas... Vous êtes un homme inflexible ! Du reste, votre pièce n'est pas mauvaise non plus, reprit-il en m'examinant d'un œil scrutateur – il faut seulement la refaire, et tout ira bien...

Je m'en allai, les jambes molles et la tête martelée d'élancements douloureux. En passant, je regardai avec animosité le buste noir d'Ostrovski, et grommelai je ne sais plus quoi en descendant les marches grinçantes du vieil escalier de bois, tandis que le manuscrit de ma pièce – qui m'était devenue odieuse – me tirait le bras.

Lorsque je débouchai dans la cour, le vent emporta mon chapeau, que je ramassai dans une flaque d'eau. Il n'était plus question d'été de la Saint-Martin. Des rafales de pluie s'abattaient obliquement, chassées par le vent, qui arrachait aux arbres des jardins les dernières feuilles mouillées. Mes souliers prenaient l'eau avec un bruit de ventouse, et des ruisseaux me coulaient dans le cou.

Bredouillant de vagues et incohérentes malédictions à l'égard de la vie et de moi-même, je marchais en regardant de temps à autre les réverbères, qui émettaient une lumière blafarde et noyée par le rideau de pluie.

Au coin d'une ruelle, je m'arrêtai près d'un kiosque où vacillait un feu maladif. Des journaux maintenus par des briques se détrempaient à l'étalage. Absolument sans savoir pourquoi, j'achetai une revue, *Le Masque de Melpomène*, dont la couverture représentait un homme en tricot collant, coiffé d'un bonnet à plume, aux yeux peints, exagérément brillants.

Je rentrai dans ma chambre avec une telle répugnance que j'en fus étonné. Je jetai à terre mon manuscrit gonflé d'eau, m'assis à la table et pressai ma tempe d'une main pour chasser la douleur. De l'autre, je pignochai de petits morceaux de pain noir que je mâchai sans appétit.

Puis je lâchai ma tête et me mis à feuilleter les pages humides du *Masque de Melpomène*. Je vis passer une jeune femme en robe à paniers, puis des titres : « Savez-vous que... », ou bien : « Le ténor passe les bornes », et soudain, j'aperçus mon nom. C'était tellement inattendu que tout d'abord, je n'y fis même pas attention. Puis il me sauta aux yeux à nouveau, puis une autre fois, une fois encore, et ensuite, celui de Lope de Vega. Le doute n'était plus permis : le sujet de l'article que je feuilletais – intitulé « On ne moissonne pas dans le champ d'autrui » – c'était moi. J'en ai oublié le contenu mais je me souviens vaguement qu'il commençait ainsi :

« Ce jour-là, on s'ennuyait fort au Parnasse.

« — Alors, toujours pas de nouveau compagnon ? dit Molière en bâillant.

« — Non. Cela devient monotone, répondit Shakespeare… »

Je me rappelle ensuite que la porte s'ouvrait, pour laisser entrer un jeune homme à cheveux noirs, portant sous son bras un manuscrit – un drame – prodigieusement épais. C'était moi.

Et l'on se moquait de moi – cela ne faisait aucun doute – tous se moquaient de moi avec méchanceté : Shakespeare, et Lope de Vega, et le caustique Molière, qui me demandait si je n'avais pas écrit quelque chose dans le genre de *Tartuffe*, et Tchékhov, que d'après ses livres je considérais comme un homme d'une extrême délicatesse, et surtout – ah ! celui-là s'amusait bien ! – surtout l'auteur de l'article – un nommé Volkodav.

Aujourd'hui, tout cela me fait plutôt rire, mais à l'époque, je fus pris d'une colère démesurée. J'arpentais la chambre, remâchant le sentiment que l'on m'outrageait pour rien, gratuitement, sans raison !

Des rêves délirants – par exemple décharger un revolver sur Volkodav – me traversaient l'esprit, en même temps que je me torturais vainement pour trouver en quoi j'étais coupable.

— C'est l'affiche ! me dis-je soudain. Mais est-ce moi qui l'ai faite ? Tiens ! Prends ça ! grondai-je à voix basse, et j'eus la vision de Volkodav, ensanglanté, s'écroulant sur le parquet.

À ce moment, je perçus une odeur de tabac de pipe, la porte grinça, et Likospastov, en imperméable mouillé, entra dans ma chambre.

— Tu as lu ? dit-il gaiement. Mes compliments, mon vieux, ils t'ont cassé le morceau ! Mais que faire ? Quand le vin est tiré, il faut le boire. Mais comme tu vois, je suis venu chez toi : il ne faut pas laisser tomber les amis.

Et il accrocha à une patère son imperméable raidi par la pluie.

— Qui est-ce, ce Volkodav ? demandai-je sourdement.

— Qu'est-ce que ça peut te faire ?

— Ah, tu le connais ?...

— Mais toi aussi, tu le connais.

— Moi ? Je ne connais aucun Volkodav !

— Comment donc ? C'est moi-même qui vous ai présentés... tu te rappelles bien, dans la rue... cette affiche marrante... Sophocle...

Et tout à coup je me rappelai ce gros homme pensif, qui regardait mes cheveux... « Les cheveux noirs !... »

— Mais qu'est-ce que je lui ai fait, à cet enfant de salaud ? demandai-je avec emportement.

Likospastov hocha la tête.

— Hé, frère, ce n'est pas bien, ce n'est pas-bien-du-tout. À ce que je vois, te voilà tout gonflé d'orgueil. Alors quoi, on ne peut plus se permettre de dire un mot sur toi ? Tu ne feras jamais rien de bon, si on ne peut pas te critiquer.

— Tu appelles ça de la critique ? Il se moque de moi… Qui est-ce ? Qu'est-ce qu'il fait ?

— C'est un auteur dramatique, répondit Likospastov. Il a écrit cinq pièces. Et tu as tort de te monter contre lui, c'est un brave type. Mais naturellement, il est un peu vexé… Tout le monde…

— Mais enfin, ce n'est pas moi qui ai rédigé cette affiche ! Est-ce ma faute s'ils ont mis à leur répertoire Sophocle, et Lope de Vega… et… ?

— Tout de même, tu n'es pas Sophocle, dit Likospastov en riant méchamment. Moi, frère, continua-t-il, je pourrais écrire pendant vingt-cinq ans, sans devenir pour autant un Sophocle…

Il soupira.

Je me rendis compte que je ne pouvais rien répondre à Likospastov. Rien. Lui dire par exemple : « Tu ne deviendras jamais un Sophocle, parce que tu écris mal, alors que moi, j'écris bien. » Est-ce que je le pouvais ? Je vous le demande…

Je me tus, et Likospastov reprit :

— Naturellement, cette affiche a provoqué une grosse émotion dans l'opinion publique. Beaucoup de gens m'ont déjà posé des questions. Cette malheureuse affiche en chagrine plus d'un ! Mais laissons cela. Je ne suis pas venu me disputer avec toi. Au contraire, apprenant ton second malheur, je suis venu te réconforter, te parler en ami...

— Quel second malheur ?

— Mais le fait que ta pièce n'a pas plu du tout à Ivan Vassiliévitch ! s'écria Likospastov, dont les yeux brillèrent. Tu la lui as lue aujourd'hui, à ce qu'il paraît ?

— Comment le sait-on ?

— Hé, tout se sait, et les murs ont des oreilles, soupira Likospastov, qui décidément, aimait les dictons. Tu connais Nastassia Ivanovna Koldybaïeva ? – Et, sans attendre ma réponse, il poursuivit : Une dame tout à fait respectable, c'est la tante d'Ivan Vassiliévitch. Tout Moscou la vénère, et en son temps, elle était la coqueluche de la ville. C'était une actrice célèbre ! Et dans ma maison habite une couturière, Anna Stoupina, qui était à l'instant chez Nastassia Ivanovna. C'est elle, Nastassia Ivanovna, qui lui a tout raconté. Aujourd'hui, a-t-elle dit, on a vu un nouveau chez Ivan Vassiliévitch, qui a lu une pièce. Il était comme ceci, et comme cela, et tout noir comme un hanneton (j'ai aussitôt deviné que c'était toi). Et il n'a pas plu, elle dit, à Ivan Vassiliévitch. Comme ça ! Et pourtant, je t'avais prévenu, tu te rappelles, quant tu nous as fait la lecture ? Je t'avais dit que ton troisième acte n'était pas assez travaillé, qu'il était superficiel

– excuse-moi, mais c'est pour ton bien que je te dis ça. Mais toi, tu n'as rien voulu entendre ! Mais Ivan Vassiliévitch, frère, il s'y connaît, lui, et il ne laisse rien passer. Et du moment qu'elle ne lui plaît pas, il est évident que ta pièce n'a aucune chance. Et te voilà avec cette affiche sur les bras. Tout le monde va rigoler : Euripide et toi, tu parles ! Et puis, Nastassia Ivanovna raconte que tu aurais dit des impertinences à Ivan Vassiliévitch, et que ça l'aurait mis dans tous ses états ? Il commence à te donner des conseils, à ce que dit Nastassia Ivanovna, et toi, en réponse – pff ! pff ! Pardonne-moi, mais là c'est trop ! Pour qui te prends-tu ? Ta pièce n'a pas une telle valeur (pour Ivan Vassiliévitch), que tu puisses te permettre de faire fi de...

— Écoute, dis-je calmement, je ne veux pas rester ici, je ne peux pas... Allons dans un restaurant quelconque...

— Je te comprends ! Je te comprends très bien ! s'écria Likospastov. D'accord, avec plaisir. Seulement, je...

Et il fouilla d'un air inquiet dans son portefeuille.

— Ça ne fait rien, j'en ai, dis-je.

Une demi-heure plus tard environ, nous étions assis à une table recouverte d'une nappe tachée, près d'une fenêtre du restaurant *Naples*. Le garçon, un blond sympathique, s'affairait, garnissait la table de hors-d'œuvre, et parlait avec gentillesse, disant « de bons petits concombres », ou « des tartinettes de caviar ? – bien, bien », et grâce à lui, je ressentis une telle impression de chaleur et de bien-être, que j'en oubliai les épaisses ténèbres du dehors, et même que Likospastov cessa de m'apparaître tel qu'il était – un serpent.

13. J'apprends la vérité

Il n'y a rien de pire, chers camarades, que la pusillanimité et le manque de confiance en soi. Or, c'est par pusillanimité et par manque de confiance en moi que j'en suis venu à me demander s'il ne faudrait pas, effectivement, transformer en mère la sœur et la fiancée de ma pièce.

« Au fond, me disais-je, il devait avoir de bonnes raisons pour me dire cela. Après tout, il s'y connaît ! »

Je pris une feuille de papier et un porte-plume, et je me mis à écrire. Avouons-le sincèrement, je n'obtins que des balivernes. Et surtout, j'en vins rapidement à prendre en haine cette mère Antonina – cette mal venue – à tel point que sa simple apparition sur le papier me fit grincer des dents. Cela ne pouvait rien donner, et c'était naturel. Il faut aimer ses personnages. Sans cela, croyez-moi, inutile de prendre la plume : vous vous attireriez les plus graves désagréments, sachez-le. – Sachez-le ! grinçai-je.

Et je déchirai et roulai en boule la feuille de papier – et jurai de ne plus aller au théâtre. Promesse qu'il serait dur, très dur, de tenir. Car enfin, je voulais tout de même savoir comment tout cela allait se terminer. « Non. Je n'irai que s'ils m'appellent », me dis-je.

Je passai la journée seul, puis le lendemain, puis un troisième jour, puis une semaine – personne ne m'appelait. « Ce salaud de Likospastov avait donc raison, pensai-je. Ils ne veulent pas de ma pièce. On t'en donnera, des affiches et du Lope de Vega ! Mais vraiment, je n'ai pas de chance ! »

Le monde n'est pas dépourvu de braves gens, dirai-je, pour parler comme Likospastov. En effet, on frappa à la porte, et je vis entrer Bombardov. J'en fus si heureux que je sentis des picotements dans les yeux.

— Tout ça, dit Bombardov en s'asseyant sur l'appui de la fenêtre et en donnant des coups de talon à la conduite du chauffage central, tout ça, il fallait bien s'y attendre. Vous voyez. Et pourtant, je vous avais prévenu !

— Mais enfin, réfléchissez, Piotr Petrovitch ! m'écriai-je. Comment vouliez-vous que je ne lise pas la scène du coup de revolver ? Il le fallait bien !

— Eh bien, tout est parfait, vous l'avez lue ! dit cruellement Bombardov.

— Je refuse d'abandonner mes personnages, dis-je avec animosité.

— Il n'était pas question de ça…

— Pardon !

Et, d'une voix entrecoupée, je racontai tout à Bombardov : et la mère, et ce Pétia qui devait s'emparer du monologue de mon héros – monologue que j'aimais beaucoup – et le poignard, qui m'avait particulièrement mis hors de moi.

— Alors, ils vous plaisent, ces projets ? dis-je avec emportement.

— Ça n'a aucun sens, dit Bombardov qui, je ne sais pourquoi, regarda autour de lui, comme s'il craignait quelque chose.

— Précisément !...

— Mais il ne fallait pas discuter, reprit-il calmement. Vous deviez simplement répondre : « Ivan Vassiliévitch, je vous suis profondément reconnaissant de vos indications, et je ne manquerai pas d'en tenir compte dans toute la mesure de mes moyens. » On ne peut pas discuter, est-ce que vous comprenez cela, oui ou non ? À Sivtsev Vrajek, on ne discute pas.

— Non mais, comment ça ? Personne ne discute ? Jamais ?

— Jamais personne, répondit Bombardov en martelant les mots, jamais personne n'a discuté, ni ne discutera jamais.

— Quoi qu'il dise ?

— Quoi qu'il dise.

— Et s'il dit que mon héros doit s'en aller à Penza ? Ou que cette mère Antonina doit se pendre ? Ou qu'elle doit chanter d'une voix de contralto ? Ou que cette cheminée blanche est noire ? Qu'est-ce que je dois répondre ?

— Qu'elle est noire.

— Et si c'était sur la scène, elle serait comment ?

— Blanche, avec une tache noire.

— Mais c'est monstrueux, c'est inouï !...

— Bah ! Ça n'empêche pas de vivre, dit Bombardov.

— Permettez ! Mais Aristarque Platonovitch, lui, il ne peut rien dire ?

— Aristarque Platonovitch ne peut rien dire, pour la simple raison qu'Aristarque Platonovitch n'adresse plus la parole à Ivan Vassiliévitch depuis 1885.

— Comment ça ?

— Ils se sont disputés en 1885, et depuis, ils ne se rencontrent jamais, et ne se parlent jamais, même par téléphone.

— C'est ahurissant. Mais le théâtre, alors, comment marche-t-il ?

— Il marche, comme vous le voyez, il marche même très bien. Ils ont délimité tous les deux leur sphère d'activité. Si, par exemple, Ivan Vassiliévitch s'intéressait à votre pièce, Aristarque Platonovitch ne voudrait même pas en entendre parler, et réciproquement. En somme, il n'existe aucun domaine où ils pourraient se heurter. C'est un système très bien conçu.

— Seigneur ! Mais c'est rageant, alors, qu'Aristarque Platonovitch soit en Inde. S'il était ici, je pourrais m'adresser à lui…

— Hmm… dit Bombardov en regardant par la fenêtre.

— Mais enfin, c'est impossible d'avoir affaire à un homme qui n'écoute personne !

— Si, il écoute. Il écoute trois personnes : Gabriel Stéphanovitch, sa tante Nastassia Ivanovna, et Augusta Avdéievna. Il n'y a que ces trois personnes sur terre qui puissent avoir une influence sur Ivan Vassiliévitch. Si quelqu'un d'autre que ces trois-là s'avisait de vouloir l'influencer, tout ce qu'il obtiendrait, c'est qu'Ivan Vassiliévitch agirait exactement dans le sens contraire.

— Et pourquoi ?

— Il n'a confiance en personne.

— Ce doit être affreux !

— Tous les grands hommes ont leurs lubies, dit Bombardov d'un ton conciliant.

— Très bien. J'ai compris, et je considère que la situation est sans espoir. Dès l'instant où, pour que ma pièce soit jouée, il faut la triturer de telle sorte qu'elle voudra dire n'importe quoi, autant vaut qu'elle ne soit pas jouée du tout ! Je ne veux pas que le public, voyant un homme du vingtième siècle, armé d'un revolver, se tuer d'un coup de poignard, aille rire de moi et me montrer du doigt.

— Personne ne vous montrerait du doigt, parce qu'il n'y aurait pas de poignard, d'aucune sorte. Votre héros se brûlerait la cervelle, comme tout homme normal.

Je restai coi.

— Si vous vous étiez conduit calmement, continua Bombardov, si vous aviez suivi mes conseils, si vous aviez dit oui pour le poignard, et oui pour Antonina, il ne serait plus question maintenant ni de l'un ni de l'autre. Toute chose a ses voies et ses moyens.

— Ah oui ? Et quels sont-ils, ici ?

— Micha Panine les connaît, proféra Bombardov d'une voix lugubre.

— Mais maintenant, si je comprends bien, tout est perdu ? demandai-je en soupirant.

— Ce sera difficile, très difficile, répondit tristement Bombardov.

Une semaine passa encore, sans aucune nouvelle du théâtre. Ma blessure commençait à se cicatriser peu à peu. La seule chose qui me restait intolérable, c'était d'aller au *Courrier de la Navigation* et d'avoir ces reportages à faire.

Et soudain… Ah ! malédiction que ce mot !… M'en allant pour toujours, j'emporte en moi – vile mais irrépressible – la terreur de ces deux syllabes. Je les crains comme j'ai peur des mots « surprise », ou « on vous appelle au téléphone », ou « un télégramme pour vous », ou encore « on vous demande au bureau ». Car je sais trop de quoi ces mots sont suivis.

Soudain, donc – et alors que je m'y attendais le moins – je vis paraître à ma porte Démyan Kozmitch, qui me salua très bas, puis me fourra dans la main une invitation à me rendre au théâtre le lendemain à quatre heures.

Le lendemain, il ne pleuvait plus. L'air était figé par une dure gelée d'automne. Non sans trouble intérieur, j'allais au théâtre, et mes talons heurtaient avec un bruit sec l'asphalte sonore.

La première chose qui arrêta mon regard, quand j'arrivai, fut un fiacre auquel était attelé un cheval épais et bas sur pattes, comme un rhinocéros. Sur le siège était assis, immobile, un petit vieillard desséché. J'ignore comment cela se fait, mais je sus tout de suite que c'était Drykine. Mon trouble en fut considérablement accru. Au théâtre même, je fus frappé d'un air d'agitation qui semblait régner partout et tout remuer. Dans le bureau de Philia, par exemple, il n'y avait personne, et tous ses visiteurs, ou plus exactement les plus obstinés d'entre eux, piétinaient dans la cour, recroquevillés de froid, regardant de temps à autre par la fenêtre. Certains s'aventuraient jusqu'à frapper au guichet, mais sans résultat. Je cognai à la porte. Elle s'entrouvrit à peine, et dans la fente apparut l'œil de Bakvaline, en même temps que j'entendais la voix de Philia :

— Faites entrer tout de suite !

Et l'on me fit entrer. Ceux qui se morfondaient dans la cour firent une tentative pour entrer en force derrière moi, mais la porte se referma. Dans l'escalier étroit et tortueux qui conduisait chez Philia, je manquai une marche et tombai lourdement. Bakvaline m'aida à me relever. Philia n'était pas assis à sa place, mais se tenait dans l'antichambre. Il portait une nouvelle cravate – à pois, je m'en souviens encore – et il s'était rasé avec un soin inhabituel.

Il m'accueillit, me sembla-t-il, avec une solennité particulière, quoique nuancée d'une certaine tristesse. Quelque chose allait s'accomplir dans ce théâtre, quelque chose – j'en avais le sentiment, mais un sentiment analogue à celui du taureau que l'on conduit à l'autel du sacrifice – de très important, et où – figurez-vous cela ! – m'allait être dévolu le rôle principal.

J'eus le sentiment de la chose dans la phrase même que prononça Philia – une courte phrase qu'il adressa à Bakvaline d'une voix basse mais impérative :

— Prenez-lui son manteau.

Les courriers et les ouvreurs m'étonnèrent grandement. Aucun d'eux n'était à sa place, tous s'étaient jetés dans une sorte de mouvement incessant, rapide et inquiet, tout à fait incompréhensible pour quiconque n'était pas initié. Ce fut d'abord Démyan Kozmitch qui me dépassa au petit trot pour s'élancer sans bruit dans l'escalier qui menait au premier balcon. À peine s'était-il dérobé à ma vue que Kouskov apparaissait, descendait en courant le même escalier, passait près de moi à petits pas rapides et disparaissait. Dans le foyer inférieur noyé d'ombre, Klioukvine entra, galopa jusqu'à une fenêtre dont – je ne sais pourquoi – il tira soigneusement le rideau, laissant les autres nues, et s'évanouit.

Bakvaline fila silencieusement le long du tapis de drap et disparut dans le salon de thé, d'où Panine fit aussitôt irruption, pour aller se cacher dans la salle.

— Suivez-moi, s'il vous plaît, nous montons, me dit Philia, en me guidant avec courtoisie.

Nous montâmes. Quelqu'un me dépassa encore, comme porté par le vent, et s'envola vers les galeries. Je commençai à croire qu'autour de moi couraient des fantômes.

Quand nous arrivâmes, sans prononcer une parole, à la porte de l'étuve, j'y trouvai Démyan Kozmitch. Une vague silhouette en veston tenta d'approcher de la porte, mais Démyan Kozmitch poussa un petit cri perçant et s'adossa contre l'huis, les bras en croix, dans une pose de supplicié. La silhouette se retira, et les ténèbres de l'escalier l'engloutirent.

— Faites entrer, chuchota Philia, et il disparut à son tour.

Démyan Kozmitch pesa sur le battant, qui s'écarta. J'entrai, franchis une autre porte, et me trouvai dans l'étuve, d'où toute obscurité avait été bannie. Une lampe brillait sur le pupitre de Toropietskaïa. Celle-ci était assise, mais ne tapait pas à la machine. Elle feuilletait un journal. Quand j'entrai, elle me salua d'un signe de tête.

Devant la porte qui donnait accès au cabinet de la Direction se tenait Augusta Ménajraki, en chandail vert, une petite croix sertie de diamants au cou, et un gros trousseau de clefs brillantes accroché à sa ceinture de cuir verni.

Elle dit : « Par ici » – et je pénétrai dans une salle brillamment éclairée.

On y remarquait dès l'abord un mobilier de grand prix, en bouleau de Carélie chargé de dorures, un bureau monumental et, dans un angle, un buste d'Ostrovski en marbre noir. Au plafond flambait un lustre, et aux murs brûlaient des lampes à pétrole d'un modèle ancien. Ensuite, j'eus l'étrange impression que les portraits de la galerie étaient descendus de leur cadre et s'avançaient vers moi. Je reconnus Ivan Vassiliévitch, assis sur un divan, près d'une petite table où l'on avait posé un petit vase de porcelaine rempli de confiture. Je reconnus également Kniajévitch, puis, d'après leurs portraits, quelques visages, parmi lesquels une dame d'une extraordinaire prestance, en corsage écarlate et jaquette marron parsemée de boutons étincelants comme des étoiles, par-dessus laquelle était négligemment posée une fourrure de zibeline. Un petit chapeau était planté avec impertinence sur les cheveux grisonnants de la dame, ses yeux brillaient sous des sourcils noirs, et ses doigts brillaient aussi, chargés de bagues ornées de diamants.

L'assistance comprenait également des gens qui ne faisaient pas partie de la galerie. Derrière le divan, par exemple, se tenait le docteur qui naguère avait sauvé de la crise de nerfs Mignonne Priakhina. Il tenait toujours à la main un petit verre. Et près de la porte, je reconnus le tenancier du buffet, l'air toujours aussi affligé.

Un peu à l'écart, une grande table ronde était couverte d'une nappe d'une blancheur aveuglante. Des reflets de lumière jouaient sur le cristal et la porcelaine, jetaient des lueurs d'un vert sombre sur les bouteilles d'eau de Narzan, ou rougeoyaient sur les pots de caviar de saumon. Une nombreuse compagnie, confortablement installée çà et là dans des fauteuils, s'agita à mon entrée, et en réponse à mon salut, têtes et bustes s'inclinèrent.

— Ah ! Léo… commença Ivan Vassiliévitch.

— Serguéi Léontiévitch, interrompit vivement Kniajévitch.

— Oui… Serguéi Léontiévitch, soyez le bienvenu ! Je vous en prie humblement, asseyez-vous, installez-vous ! – Et Ivan Vassiliévitch me serra vigoureusement la main. – Vous plairait-il d'essayer quelques-uns de ces hors-d'œuvre ? Ou peut-être désirez-vous vous restaurer, déjeuner ? Je vous en prie, sans cérémonie. Nous attendrons. Ermolaï Ivanovitch est notre sorcier, il suffit de lui dire, et... Ermolaï Ivanovitch, avons-nous ce qu'il faut pour déjeuner ?

Pour toute réponse, le sorcier fit trois choses : il leva les yeux au ciel, si haut qu'ils disparurent sous ses paupières, puis les ramena à leur place, et enfin me lança un regard suppliant.

— Ou bien, vous voudrez peut-être boire quelque chose ? continua Ivan Vassiliévitch, qui décidément, tenait à jouer les hôtes aimables. De l'eau de Narzan ? de la citronnade ? du sirop d'airelle ? Ermolaï Ivanovitch ! ajouta-t-il sévèrement, nos réserves de sirop d'airelle sont-elles suffisantes ? Je vous prie d'y veiller avec la plus grande rigueur !

Ermolaï Ivanovitch inclina la tête en souriant timidement.

— Ermolaï Ivanovitch, d'ailleurs, est un... hum... hum... un magicien. Aux temps les plus sombres, il a sauvé de la famine littéralement tout le théâtre, avec de l'esturgeon ! Sans lui, nous mourions tous, jusqu'au dernier. Aussi, les acteurs l'adorent.

Le rappel de cet exploit ne donna aucune fierté à Ermolaï Ivanovitch. Au contraire, une ombre morose obscurcit un instant son visage.

D'une voix claire, ferme et sonore, je déclarai que je m'étais suffisamment restauré, que j'avais déjeuné, et je refusai de façon catégorique l'eau de Narzan et le sirop d'airelle.

— Alors, peut-être, un gâteau ? Ermolaï Ivanovitch est connu dans le monde entier pour ses gâteaux !...

Mais d'une voix plus forte encore – par la suite Bombardov me fit part de l'impression que j'avais produite sur l'assistance : « Et votre voix, ont-ils dit, quelle voix vous aviez ! » – « Eh bien ? » – « Une voix rauque, agressive, et grêle en même temps... » – je refusai aussi les gâteaux.

— À propos de gâteaux, commença soudain, d'une voix de basse veloutée, un homme extraordinairement élégant, habillé et coiffé à la perfection, qui se tenait assis près d'Ivan Vassiliévitch, à propos de gâteaux, je me rappelle un jour où nous étions réunis chez Proutchévine. Nous eûmes la surprise de voir arriver le grand-duc Maximilien Pétrovitch. Et nous avons ri aux éclats... Mais vous connaissez Proutchévine, n'est-ce pas, Ivan Vassiliévitch ? Il faudra que je vous raconte cette aventure comique...

— Je connais Proutchévine, répondit Ivan Vassiliévitch. C'est le plus grand escroc du monde. Il a dépouillé sa propre sœur des pieds à la tête... Eh bien, je...

À ce moment la porte s'ouvrit. Celui qui entra ne faisait pas non plus partie de la galerie : c'était Micha Panine. En voyant l'expression de son visage, je pensai aussitôt à l'homme qu'il avait tué en duel...

— Ah ! Très honoré Michel Alexéiévitch ! s'écria Ivan Vassiliévitch en tendant les bras vers le nouvel arrivant. Soyez le bienvenu ! Prenez donc un fauteuil. Permettez-moi de vous présenter, continua-t-il en s'adressant à moi. Voici notre précieux Michel Alexéiévitch, qui remplit chez nous les plus importantes fonctions. Et voilà…

— Serguéi Léontiévitch ! coupa gaiement Kniajévitch.

— Précisément !

Sans montrer en aucune façon que nous nous connaissions, nous nous soumîmes, Micha et moi, à cette présentation, en nous serrant simplement la main.

— Eh bien, commençons ! déclara Ivan Vassiliévitch, et tous les regards se posèrent sur moi, au point que j'en fus saisi. Qui veut prendre la parole ? Hippolyte Pavlovitch !

Un homme étonnamment imposant, aux cheveux bouclés d'un noir de jais et vêtu avec un goût remarquable vissa sur son œil un monocle et dirigea son regard sur moi. Ensuite, il se versa un verre de Narzan, qu'il but, s'essuya la bouche avec un mouchoir de soie, hésita un instant – allait-il boire un second verre ? – but un second verre, et enfin se mit à parler. Il avait une voix merveilleuse, douce, modulée, convaincante, qui allait droit au cœur.

— Votre roman, L… Serguéi Léontiévitch ? C'est bien ça ? Votre roman est très bien, vraiment très bien… Il y a là… heu… comment donc dirai-je ? – l'orateur se pencha sur la grande table où étaient posées les bouteilles de Narzan, mais Ermolaï Ivanovitch trotta vers lui et lui donna une bouteille non entamée – tout cela est plein de profondeur psychologique, les personnages sont d'une vérité tout à fait remarquable… heu… quant aux descriptions de la nature, vous avez atteint là… comment donc dirai-je… des hauteurs quasi tourguénieviennes ! – L'eau de Narzan monta dans le verre en pétillant, l'orateur but son troisième verre, puis, d'un simple mouvement du sourcil, il fit tomber le monocle de son œil. – Ces descriptions de la nature du Sud… reprit-il, heu… les nuits étoilées… d'Ukraine… et le vaste murmure du Dniepr… heu… comme disait Gogol… heu… le Dniepr admirable, vous vous rappelez… et le parfum des acacias… vous décrivez tout cela de façon… magistrale…

Je quêtai du regard le soutien de Micha Panine, mais celui-ci s'était effondré dans un fauteuil, abasourdi, et ses yeux brillaient d'une lueur inquiétante.

— En particulier… heu… on est très impressionné par cette description d'un bois… heu… les feuilles des peupliers argentés… vous vous rappelez ?

— J'ai toujours dans les yeux l'image de ces nuits sur le Dniepr, depuis notre tournée là-bas, dit d'une voix de contralto la dame à la zibeline.

— À propos de tournée, intervint l'homme à la voix de basse assis près d'Ivan Vassiliévitch – et il se mit à rire – à propos de tournée, il est arrivé ce jour-là une aventure des plus piquantes au général-gouverneur Doukassov. Vous vous souvenez de lui, Ivan Vassiliévitch ?

— Je m'en souviens. Un goinfre épouvantable ! répondit Ivan Vassiliévitch. Mais continuez…

— Pour votre roman… heu… heu… on ne peut que vous adresser des compliments… mais… pardonnez-moi, n'est-ce pas… la scène a ses lois.

Ivan Vassiliévitch mangeait de la confiture, en écoutant avec satisfaction le discours d'Hippolyte Pavlovitch.

— Vous n'avez pas réussi à rendre dans votre pièce tout l'arôme du Sud, de ces nuits ardentes, qu'on respire dans votre roman. Les personnages, psychologiquement, ne sont pas assez approfondis, notamment en ce qui concerne le rôle de Bakhtine… – À ce moment, je ne sais pourquoi, l'orateur se mit à souffler et à postillonner, d'un air grandement offensé. – Et p… p… puis je… heu… heu… je ne sais pas ! – Et il tapota de son monocle sur un cahier, où je reconnus ma pièce. – On ne peut pas la jouer… excusez-moi. Excusez-moi ! termina-t-il, tout à fait fâché.

Nos regards se rencontrèrent, et il dut lire dans le mien, je suppose, la colère et l'étonnement. En effet, il n'y avait dans mon roman ni acacias, ni peupliers argentés, ni murmure du Dniepr, ni… bref, rien de tout cela.

« Il ne l'a pas lu ! Il n'a pas lu mon roman – ces mots résonnaient comme un tocsin dans ma tête – et il se permet d'en parler ? Il vient radoter je ne sais quoi sur les nuits d'Ukraine… Pour quelles raisons m'ont-ils fait venir ici ? »

— Qui encore veut prendre la parole ? demanda Ivan Vassiliévitch avec entrain, en parcourant l'assistance des yeux.

Un silence tendu s'établit. Personne, apparemment, ne voulait prendre la parole. Soudain, une voix partit d'un coin de la pièce :

— Ho-hooo…

Je tournai la tête et vis un gros homme âgé, vêtu d'une blouse gris foncé. Son visage me rappela vaguement un portrait… Son regard était doux, et sa figure exprimait l'ennui, un ennui immémorial. Quand je le regardai, il détourna les yeux.

— Vous vouliez dire quelque chose, Théodore Vladimirovitch ? lui demanda Ivan Vassiliévitch.

— Non, répondit-il.

Le silence devint bizarre.

— Vous désirez peut-être quelque chose ?… me demanda Ivan Vassiliévitch.

D'une voix qui n'était plus du tout sonore, ni forte, ni claire – moi-même je m'en rendais compte – je répondis :

— Si j'ai bien compris, ma pièce est refusée. Alors, je vous prie de me la rendre.

Ces mots jetèrent dans l'assemblée un trouble inattendu. Des fauteuils remuèrent, et dans mon dos, quelqu'un se pencha et dit :

— Mais non, pourquoi dire cela ? Excusez-moi !

Ivan Vassiliévitch contempla sa confiture, puis leva des yeux étonnés sur ceux qui l'entouraient.

— Hum... hum... dit-il, et il se mit à tambouriner des doigts. Nous voulons seulement vous dire, en toute amitié, que jouer votre pièce, ce serait vous causer un grave préjudice ! Un très grave préjudice ! Et tout particulièrement si c'est Thomas Strij qui s'en charge. Vous-même, vous le regretteriez toute votre vie, et vous nous maudiriez...

Il y eut une pause, et je dis :

— Dans ce cas, je vous prie de me la rendre.

Mais à ce moment, je lus nettement une expression de méchanceté dans les yeux d'Ivan Vassiliévitch.

— Mais nous avons un petit contrat ! lança soudain une voix venue je ne sais d'où, et aussitôt je vis apparaître, de derrière le dos du docteur, le visage de Gabriel Stépanovitch.

— Mais si votre théâtre ne veut pas la jouer, à quoi peut-elle vous servir ?

Un visage aux yeux d'une extrême vivacité protégés par un pince-nez se pencha alors vers moi, et une voix de ténor aiguë me dit :

— Iriez-vous donc porter votre pièce au théâtre Schlippe ? Ne savez-vous pas ce qu'ils jouent, là-bas ? Vous ne verrez rien d'autre sur la scène que des espèces de petits officiers, fringants et délurés ! Cela n'intéresse personne !

— Conformément aux lois en vigueur et aux instructions données, il est impossible de porter cette pièce au théâtre Schlippe, nous avons un contrat ! reprit Gabriel Stépanovitch en sortant tout à fait de derrière le dos du docteur.

« Qu'est-ce qui se passe, ici ? Qu'est-ce qu'ils veulent ? » pensai-je en éprouvant une affreuse sensation d'étouffement, nouvelle pour moi.

— Pardon, dis-je sourdement, mais je ne comprends pas. Vous ne voulez pas la jouer, et en même temps, vous dites qu'on ne peut pas la donner à un autre théâtre. Qu'est-ce qu'il faut faire, alors ?

Ces mots produisirent un effet étrange. La dame à la zibeline échangea un regard outragé avec l'homme à la basse de velours assis sur le divan. Mais le plus terrible de tous était le visage d'Ivan Vassiliévitch. Toute trace de sourire s'en était envolée, et il me considéra fixement, avec des yeux brûlants de haine.

— Nous voulons vous sauver d'un malheur irréparable ! s'écria-t-il. D'un danger très réel, qui vous guette au tournant !

Un nouveau silence tomba, tellement pénible qu'il me fut impossible de le supporter plus longtemps.

Laissant l'empreinte de mes doigts dans le capitonnage du fauteuil, je me levai et m'inclinai. Tous répondirent à mon salut, sauf Ivan Vassiliévitch qui me regardait avec stupéfaction. Je gagnai la porte en marchant de côté, trébuchai et sortis. Je saluai Toropietskaïa, qui me regarda d'un œil, en continuant à lire les *Izvestia*, et Augusta Ménajraki, qui accueillit mon salut froidement. Et je sortis.

Le théâtre était plongé dans les ténèbres. Au salon de thé, des taches blanches apparurent : on dressait les tables pour le spectacle. Les portes de la salle étaient ouvertes, et je m'attardai quelques instants pour regarder. La scène était entièrement dégagée, jusqu'au lointain mur de briques. D'en haut, on faisait descendre les arceaux d'une tonnelle enveloppés de lierre, et des ouvriers semblables à des fourmis faisaient entrer de biais par les grandes portes des colonnes blanches.

Une minute plus tard environ, j'avais quitté le théâtre.

Comme Bombardov n'avait pas le téléphone, je lui envoyai le soir même un télégramme ainsi rédigé : « Repas funéraire – Venez – Sans vous ne comprends rien – Deviens fou. »

On refusa d'abord de prendre ce télégramme, et il ne fut accepté que lorsque je menaçai de me plaindre au *Courrier de la Navigation*.

Le lendemain soir, Bombardov et moi étions assis à ma table, où le couvert était mis. Ma voisine – la femme du contremaître – avait fait des crêpes.

Mon idée d'organiser un repas funéraire en l'honneur de mes espérances perdues plaisait à Bombardov, comme lui plaisait ma chambre, que j'avais entièrement remise en ordre.

— Je suis tout à fait calme, maintenant, dis-je lorsque mon invité eut apaisé sa première faim, et je ne désire qu'une chose : savoir ce qui s'est passé. Je suis simplement dévoré de curiosité. Jamais encore je n'avais vu de choses aussi étonnantes.

En réponse, Bombardov fit l'éloge des crêpes, puis examina la chambre et dit :

— Vous devriez vous marier, Serguéi Léontiévitch. Vous devriez épouser une femme ou une jeune fille sympathique et affectueuse…

— Cette conversation a déjà été écrite par Gogol, répliquai-je. Nous n'allons pas la répéter. Mais dites-moi ce qui s'est passé ?

Bombardov haussa les épaules.

— Il ne s'est rien passé de particulier, simplement une réunion des anciens du théâtre avec Ivan Vassiliévitch.

— Bien, bien. Et qui était la dame à la zibeline ?

— Marguerite Pétrovna Tavritcheskaïa, une actrice de notre théâtre, qui fait maintenant partie du groupe des anciens, ou des fondateurs. Elle est connue parce qu'en 1885, Ostrovski, après l'avoir vue jouer – elle débutait à l'époque – a dit : « Très bien. »

J'appris ensuite que la réunion était constituée exclusivement de fondateurs, convoqués d'extrême urgence pour discuter de ma pièce, que Drykine avait été prévenu la veille, et qu'il avait longuement étrillé et pansé le cheval, et nettoyé le fiacre avec du phénol.

Je demandai également à Bombardov qui était celui qui racontait des histoires sur le grand-duc Maximilien et sur le général-gouverneur, le goinfre ; il me répondit que c'était le plus jeune des fondateurs.

Il faut dire que les réponses de Bombardov se distinguaient par une retenue et une prudence remarquables. Ayant constaté cela, je m'efforçai, en le pressant de questions, d'obtenir tout de même de mon invité non pas seulement des réponses formelles et sèches du genre « il est né à telle date, il a pour prénom et pour patronyme Un tel et Un tel », mais des renseignements plus personnels. Les gens qui s'étaient réunis dans le bureau de la Direction m'intéressaient en eux-mêmes, et profondément. Les renseignements que j'obtiendrais sur eux devaient, à mon sens, me fournir une explication de leur conduite à cette étrange réunion.

— Et ce Gornostaïev (l'homme aux histoires), c'est un bon acteur ? demandai-je en versant du vin à Bombardov.

— M… oui, répondit Bombardov.

— M… oui, non, ça ne suffit pas. Pour Marguerite Pétrovna, par exemple, on sait qu'Ostrovski a dit : « Très bien. » Ça au moins, c'est positif ! Mais votre « M… oui », qu'est-ce que ça veut dire ? Gornostaïev s'est peut-être illustré, lui aussi, d'une façon ou d'une autre ?

Bombardov me lança par en dessous un coup d'œil légèrement soupçonneux, et prononça d'un ton hésitant :

— Qu'est-ce que je pourrais vous dire ?… Hum… – Il vida son verre et continua : Il y a peu de temps, Guérassim Nikolaïévitch Gornostaïev a stupéfié tout le monde. Figurez-vous qu'il lui est arrivé une sorte de miracle…

Bombardov s'interrompit pour étaler du beurre fondu sur une crêpe, mais il y mit tant de temps que je finis par m'écrier :

— Pour Dieu, ne me faites pas languir !

— Le « Naparéouli » est un vin excellent, renchérit Bombardov pour mettre ma patience à l'épreuve, puis il reprit : C'était il y a quatre ans, tout au début du printemps, et, je m'en souviens encore, Guérassim Nikolaïévitch paraissait excessivement joyeux et excité. Et c'est mauvais signe, quand celui-là se réjouit !

Était-il en train d'ourdir je ne sais quel plan, toujours est-il qu'il se démenait, il en paraissait même rajeuni. Je dois vous dire, par ailleurs, qu'il aime le théâtre avec passion. Et je me rappelle qu'à cette époque-là, il disait tout le temps : « Hé, que voulez-vous, je retarde, maintenant, je retarde. Naguère, pour ainsi dire, je suivais de près la vie théâtrale de l'Occident, chaque année, en quelque sorte, j'allais à l'étranger, et naturellement, j'étais au courant de tout ce qui se faisait au théâtre en Allemagne, en France, et non seulement là, mais j'étais même allé en Amérique étudier les dernières réalisations théâtrales. » – « Eh bien, lui disait-on, faites une demande et partez pour l'étranger. » Alors il répondait plein de douceur : « Pas question, voyons, ce n'est pas le moment de faire des demandes de ce genre. Pourrais-je admettre que l'État dépense pour moi ses précieuses devises ? Il vaut beaucoup mieux que ce soit un ingénieur, ou un administrateur, je ne sais pas, qui parte à ma place. »

« Un homme énergique ! Et loyal ! – Bombardov regarda son vin à la lumière de la lampe, et il en fit un nouvel éloge. Puis il reprit : Là-dessus, un mois passe et le vrai printemps arrive. Mais partout, c'était la misère la plus noire. Un jour, Guérassim Nikolaïévitch entre dans le bureau d'Augusta Avdéïevna. Il ne dit rien. Elle le regarde, et lui voit un visage décomposé, pâle comme une serviette, avec un regard funeste. « Qu'y a-t-il, Guérassim Nikolaïévitch ? » – « Rien, lui répond-il, ne faites pas attention. » Il va à la fenêtre, tambourine un moment sur la vitre, puis se met à siffler doucement quelque chose de très triste et de terriblement familier. Elle écoute : c'était *La Marche Funèbre* de Chopin. Elle n'y tient plus, son cœur se fond de pitié, et elle répète avec insistance : « Qu'est-ce qu'il y a ? Qu'avez-vous ? » Il se retourne vers elle, et avec un sourire faux, il lui dit : « Jurez-moi que vous ne le direz à personne ! » L'autre, naturellement, jure aussitôt. « Je viens de chez le docteur, et il m'a trouvé un sarcome au poumon. » Là-dessus, il lui tourne le dos et s'en va.

— Oui, vilaine histoire... dis-je doucement, en commençant à me sentir mal à l'aise.

— À qui le dites-vous ! approuva Bombardov. Alors Augusta Avdéïevna, qui avait juré de ne rien dire, s'empresse de tout raconter à Gabriel Stépanovitch, qui le répète à Hippolyte Pétrovitch, celui-ci à sa femme, sa femme à Eulampe Pétrovna. Bref, deux heures après, même les apprenties costumières savaient que l'activité artistique de Guérassim Nikolaïévitch était terminée, et qu'on pouvait dès maintenant commander la couronne. Et trois heures plus tard, au salon de thé, les acteurs discutaient pour savoir à qui on donnerait les rôles de Guérassim Nikolaïévitch.

« Entre-temps, Augusta Avdéïevna avait décroché le téléphone et appelé Ivan Vassiliévitch. Au bout de trois jours exactement elle téléphone à Guérassim Nikolaïévitch et lui dit : « J'arrive chez vous tout de suite. » Et elle fait comme elle a dit. Guérassim Nikolaïévitch, en robe de chambre chinoise, est étendu sur un divan, pâle comme la mort elle-même, mais calme et fier.

« Augusta Avdéïevna, qui est une femme débrouillarde, pose sur la table – clac ! – un petit livret rouge : le passeport. Guérassim Nikolaïévitch sursaute et dit : « Vraiment, vous n'êtes pas gentils. Je ne voulais pas cela. Quel sens cela a-t-il d'aller mourir à l'étranger ? » Augusta Avdéïevna est une femme peu émotive et une parfaite secrétaire. Les paroles du mourant lui entrent par une oreille et sortent par l'autre, et elle se contente de crier : « Thaddée ! » Thaddée, c'est le fidèle et dévoué serviteur de Guérassim Nikolaïévitch. Il apparaît aussitôt.

« — Le train part dans deux heures. Un plaid pour Guérassim Nikolaïévitch ! Du linge ! Une valise ! Le nécessaire de toilette ! La voiture sera là dans quarante minutes. » Quant au condamné, il ne peut que soupirer et agiter la main…

« Il y a quelque part en Suisse, enfin pas exactement en Suisse, plutôt dans les Alpes, enfin peu importe – Bombardov s'essuya le front – il y a, à trois mille mètres d'altitude, une clinique de haute montagne dirigée par le professeur Klee, de réputation mondiale. On ne va là-bas que dans les cas désespérés :

c'est le dernier atout. Et quelquefois, il se produit des miracles. Klee allonge ses cas désespérés sous une véranda ouverte, donnant sur les sommets neigeux, il leur fait des piqûres, les force à respirer de l'oxygène, et parfois, il réussit à retarder la mort d'une année.

« Cinquante minutes après la visite d'Augusta Avdéïevna, on fait passer la voiture qui emporte Guérassim Nikolaïévitch, selon son désir, devant le théâtre. Démyan Kozmitch a raconté par la suite qu'il avait vu Guérassim Nikolaïévitch lever la main et bénir le théâtre, puis que la voiture était partie vers la gare de Biélorussie.

« Puis, brusquement, l'été est venu, et le bruit s'est répandu que Guérassim Nikolaïévitch était mort. Naturellement, les médisances vont bon train, et aussi les sentiments de sympathie... Mais c'était l'été, et les acteurs étaient déjà sur le départ, avec les tournées qui commençaient... de sorte qu'il n'y eut pas, pour ainsi dire, de grandes manifestations de douleur... On attendait le retour du corps de Guérassim Nikolaïévitch... Puis la saison prit fin, et les acteurs se dispersèrent. Mais il faut vous dire que notre Plissov...

— L'homme à moustaches et à tête sympathique, qui est dans la galerie de portraits ? demandai-je.

— Lui-même, confirma Bombardov, qui poursuivit : Plissov, donc, reçoit un jour un ordre de mission pour Paris, afin d'y étudier la machinerie théâtrale. Naturellement, il obtient très vite les papiers nécessaires, et il se met en route. Plissov, il faut vous le dire, est un type qui abat un boulot extraordinaire, et il est littéralement amoureux de son plateau tournant. Mais son départ a fait une foule d'envieux. Pour qui que ce soit, c'est tout de même flatteur d'être envoyé à Paris, et tout le monde disait de lui : « Quel veinard ! » Veinard ou pas, toujours est-il qu'il prend ses papiers, et le voilà parti pour Paris, juste au moment où parvient la nouvelle du décès de Guérassim Nikolaïévitch. Plissov est un personnage singulier. Figurez-vous qu'étant à Paris, il a trouvé le moyen de ne même pas voir la Tour Eiffel. Un enthousiaste. Il a passé tout son temps sous les plateaux de scène, à étudier tout ce qu'il fallait, il a acheté des projecteurs, bref, il a rempli sa mission avec une honnêteté scrupuleuse. Enfin, le jour arrive où il doit repartir. Il décide alors de faire un tour dans Paris, ne serait-ce que pour y jeter un coup d'œil avant de rentrer au pays. Il marche, il marche, il prend des autobus, en s'expliquant surtout par des beuglements, et finalement, il se retrouve le diable sait où, avec une faim de loup ! Il se dit : « Bon, je vais bien trouver un petit restaurant, pour casser la croûte. » Il en trouve un, il entre : des lumières partout. Mais il se dit que, comme il est loin du centre, ça ne doit pas être un restaurant cher. Effectivement, d'ailleurs, c'était un restaurant de catégorie moyenne. Il entre donc, et reste cloué sur place.

« Assis à une table, en smoking, une fleur à la boutonnière, il vient de reconnaître le défunt Guérassim Nikolaïévitch. Il est entouré de deux Françaises, qui d'ailleurs rient comme des petites folles, et sur la table, il y a une bouteille de champagne dans un seau à glace et des fruits.

« Chancelant, Plissov s'appuie au chambranle de la porte. « Ce n'est pas possible ! pense-t-il. Je rêve. Guérassim Nikolaïévitch ne peut pas être ici en train de rire. Il n'y a qu'un endroit où il peut être : c'est le cimetière de Novodévitchi ! »

« Les yeux écarquillés, il contemple cet homme, dont la ressemblance avec le mort est effrayante. Mais l'autre se lève, et Plissov a d'abord eu l'impression qu'il avait l'air inquiet, voire mécontent de cette rencontre, mais par la suite, il s'est avéré que Guérassim Nikolaïévitch était simplement très étonné. À ce moment Guérassim Nikolaïévitch – car c'était bien lui – a chuchoté quelque chose à ses Françaises, et celles-ci ont disparu précipitamment.

« En tout cas, Plissov n'est revenu à lui que lorsqu'il s'est retrouvé dans les bras de Guérassim Nikolaïévitch. Et là-dessus, tout s'est expliqué. Pendant tout le récit de Guérassim Nikolaïévitch, Plissov n'a pu que répéter : « Ça, alors ! » Car c'était effectivement un miracle.

« Lorsque Guérassim Nikolaïévitch fut amené là-bas, dans les Alpes, il avait un aspect tel que Klee a hoché la tête et dit simplement : « Hum... » Bon. On l'installe sous la véranda, on lui fait des piqûres, on lui donne de l'oxygène. Et dès le début, l'état du malade empire, à tel point que – comme on l'a avoué par la suite à Guérassim Nikolaïévitch – Klee commence à formuler les plus sombres hypothèses quant au lendemain, car le cœur est en train de lâcher. Mais le lendemain se passe le mieux du monde. On refait une série de piqûres. Et le surlendemain, ça va encore mieux. Le troisième jour – c'est presque incroyable. Guérassim Nikolaïévitch s'assied dans sa chaise longue et dit : « Je vais me promener un peu. » Non seulement les assistants, mais Klee lui-même en ont les yeux ronds. Bref, le lendemain Guérassim Nikolaïévitch se promène sous la véranda, il a les joues roses, et il a retrouvé son appétit... Température 36,8, pouls normal, plus trace de douleurs.

« Et Guérassim Nikolaïévitch raconte qu'on venait le voir des villages voisins, que des médecins étaient venus de plusieurs grandes villes, que Klee s'était écrié qu'un cas semblable se produit une fois tous les mille ans, et qu'il avait fait une conférence. On avait même voulu publier le portrait de Guérassim Nikolaïévitch dans des journaux médicaux, mais il s'y était refusé catégoriquement en disant : « Je n'aime pas le battage publicitaire. »

« Sur ces entrefaites, Klee annonce à Guérassim Nikolaïévitch que celui-ci n'a plus rien à faire dans les

Alpes, et qu'il l'envoie à Paris se reposer de ses épreuves. Voilà donc Guérassim Nikolaïévitch à Paris. Quant aux deux Françaises, explique-t-il, ce sont simplement deux jeunes Parisiennes qui font leur début dans la médecine, et qui voulaient écrire un article sur lui. Et voilà toute l'affaire !

— Oui, dis-je, c'est vraiment stupéfiant. Mais tout de même, je ne comprends pas comment il s'est débrouillé pour réussir un coup pareil.

— C'est bien là le miracle, répondit Bombardov. Voyez-vous, il semble que, dès la première piqûre, le sarcome de Guérassim Nikolaïévitch a commencé à se résorber, et qu'il est résorbé.

Je joignis les mains.

— Mais enfin, m'écriai-je, cela n'arrive jamais !

— Une fois tous les mille ans, à ce qu'il paraît, répondit Bombardov. Mais attendez, ce n'est pas tout. À l'automne, nous avons vu arriver Guérassim Nikolaïévitch, dans un nouveau costume, tout à fait rétabli, et même bronzé, car ses médecins de Paris l'avaient envoyé faire une croisière sur l'Océan. Au salon de thé du théâtre, ils étaient tous pendus à lui comme des grappes à écouter ses récits sur l'Océan, sur Paris, sur les médecins des Alpes, et ainsi de suite. Puis la saison s'est déroulée comme d'habitude : Guérassim Nikolaïévitch a joué, d'ailleurs fort convenablement, et les choses ont duré ainsi jusqu'au mois de mars… Et un jour du mois de mars, voilà Guérassim Nikolaïévitch qui arrive à une répétition de *Macbeth* avec une canne. « Qu'y a-t-il ? » lui demande-t-on. « Je ne sais pas, j'ai une espèce de douleur dans les reins, mais ce n'est rien. » Cependant, la douleur s'installe, lancinante. Parfois elle augmente, puis elle disparaît. Mais pour un moment seulement. Et elle reprend de plus belle… Les rayons ultraviolets n'y font rien… Et Guérassim Nikolaïévitch ne dort plus : impossible de rester allongé sur le dos. Il maigrit à vue d'œil. On essaye tous les médicaments. Rien n'y fait ! Alors, naturellement, il se décide à aller consulter un grand docteur. Et figurez-vous…

Habilement, Bombardov fit une pause et me regarda avec des yeux tels que j'en eus froid dans le dos.

— Figurez-vous que le docteur l'examine longuement, fait la grimace, hésite… Alors, Guérassim Nikolaïévitch lui dit : « Docteur, ne tournez pas autour du pot, je ne suis pas une femmelette, j'en ai vu d'autres… Alors dites : c'est lui ? » Lui ! s'écria Bombardov d'une voix enrouée, et il vida son verre d'un trait. Le sarcome avait repoussé ! Mais cette fois, il s'était installé dans le rein droit, et il commençait à dévorer Guérassim Nikolaïévitch ! Vous imaginez la sensation, naturellement ! On envoie les répétitions au diable, et Guérassim Nikolaïévitch chez lui. Mais cette fois les choses sont facilitées, du fait qu'il y a un espoir. Et de nouveau, en trois jours tout est réglé : le passeport, le billet pour les Alpes, Klee. Celui-ci accueille Guérassim Nikolaïévitch comme un frère. Vous pensez ! Le sarcome de Guérassim Nikolaïévitch lui fait une réclame mondiale, au professeur ! Et de nouveau la véranda, de nouveau les piqûres – enfin, la même histoire ! Au bout de vingt-quatre heures, la douleur se calme, deux jours après, Guérassim Nikolaïévitch se promène sous la véranda, et le troisième jour, il demande à Klee s'il ne pourrait pas faire une partie de tennis ! Mais alors, à la clinique – quel spectacle ! Incroyable. Les malades viennent voir Klee par convois entiers ! Au point, à ce que dit Guérassim Nikolaïévitch, qu'on a dû construire un deuxième bâtiment à côté. Klee, qui est par ailleurs un étranger tout à fait discret et réservé, a embrassé Guérassim Nikolaïévitch à trois reprises, et comme il se doit, il l'a envoyé se reposer, mais cette fois à Nice, puis à Paris, puis en Sicile.

« Et à l'automne, nouveau retour de Guérassim Nikolaïévitch – nous revenions tout juste d'une tournée dans le Donbass – un Guérassim Nikolaïévitch frais et rose, alerte, plein de santé. Seul le costume avait changé : à l'automne précédent, il était de couleur chocolat, maintenant il était gris avec des petits carreaux. Pendant trois jours, il a parlé de ses voyages, de la Sicile, des bourgeois qui jouaient à la roulette à Monte-Carlo. Spectacle répugnant, disait-il. La nouvelle saison passe, et vers le printemps – même histoire. Le sarcome récidivait, mais à un autre endroit encore : sous le genou gauche. Et le circuit recommence : Klee – puis Madère – et pour finir, Paris.

« Mais maintenant, les réapparitions du sarcome ne provoquaient presque plus d'émotion. De l'avis de tous, Klee avait vraiment trouvé un remède. Il s'avérait que chaque année, sous l'influence des piqûres, la résistance du sarcome diminuait, et Klee espérait – il en était même convaincu – que d'ici trois ou quatre saisons, l'organisme de Guérassim Nikolaïévitch serait capable de s'opposer victorieusement à toute tentative de résurgence du sarcome. Et de fait, il y a deux ans, il n'éprouva déjà plus qu'une légère douleur dans les sinus, qui disparut tout de suite chez Klee. Mais désormais, Guérassim Nikolaïévitch reste soumis à une observation constante et très stricte, et chaque année en avril, douleur ou pas, on l'envoie dans les Alpes.

— Merveilleux ! dis-je, en soupirant sans savoir exactement pourquoi.

Cependant nous faisions, comme on dit, bombance, et – les fumées du vin de Naparéouli aidant – notre conversation devint plus animée, et surtout plus sincère. « Tu es très intéressant, très observateur, et tu as une langue acérée, pensais-je en écoutant Bombardov, et tu me plais énormément, mais tu es rusé et secret, et c'est ta vie au théâtre qui t'a fait ainsi… »

— Ne soyez pas ainsi ! dis-je brusquement à mon hôte. Répondez-moi franchement, car je vous avoue que cela me pèse… Est-ce que vraiment, ma pièce est si mauvaise ?

— Votre pièce, dit Bombardov, est une bonne pièce. Un point c'est tout.

— Mais alors pourquoi, pourquoi cette scène étonnante, et terrible pour moi, dans le bureau de la Direction ? Ma pièce ne leur a pas plu ?

— Au contraire ! dit Bombardov d'une voix ferme. Tout cela est arrivé précisément parce qu'elle leur a plu. Et plu énormément.

— Mais Hippolyte Pavlovitch…

— C'est justement à Hippolyte Pavlovitch qu'elle a surtout plu, dit doucement, mais distinctement et en pesant ses mots Bombardov, dans les yeux de qui je crus lire une profonde sympathie.

— Il y a de quoi devenir fou… murmurai-je.

— Mais non, il n'y a pas de quoi. Simplement, vous ne savez pas ce que c'est que le théâtre. Il y a dans le monde quantité de machines compliquées, mais le théâtre est la plus compliquée de toutes…

— Parlez ! Parlez ! m'écriai-je en prenant ma tête dans mes mains.

— Votre pièce leur a plu à tel point qu'elle a provoqué une sorte de panique, commença Bombardov. De là tout ce qui est arrivé. Dès qu'ils en ont eu connaissance et que les anciens ont été mis au courant, ils ont voulu procéder sur-le-champ à la distribution des rôles. Pour Bakhtine, ils ont désigné Hippolyte Pavlovitch, et pour Pétrov, ils pensaient le donner à Valentin Konradovitch.

— À qui… Val… c'est celui qui…

— C'est lui, oui.

— Mais permettez ! criai-je, hurlant presque. C'est…

— Je sais, je sais, dit Bombardov, qui m'avait évidemment compris à demi-mot. Hippolyte Pavlovitch a soixante et un ans, et Valentin Konradovitch soixante-deux… Et votre plus vieux personnage, Bakhtine, il a quel âge ?

— Vingt-huit ans !

— Hé oui, voilà… Mais voyez-vous, il m'est impossible de vous faire vraiment comprendre ce qui s'est passé lorsque les anciens ont reçu les exemplaires de la pièce. Depuis cinquante ans que notre théâtre existe, on n'avait jamais vu cela. Ils se sont tous sentis véritablement outragés.

— Par quoi ? Par la distribution des rôles ?

— Non. Par l'auteur.

Il ne me restait qu'à ouvrir des yeux ronds – ce que je fis – et Bombardov continua :

— Par l'auteur, oui. Écoutez, mettez-vous à la place des anciens. Ils se sont dit : nous jouons, nous aimons passionnément jouer, nous autres, fondateurs de ce théâtre, nous serions heureux de déployer tout notre talent, tout notre métier dans une pièce contemporaine, et... ah bien oui ! Compliments ! Arrive un type en costume gris, avec une pièce où tous les personnages sont des gamins ! Rôles que nous ne pouvons pas jouer, n'est-ce pas ? Alors, qu'est-ce que c'est que ce type-là, il se moque de nous ? Le plus jeune des fondateurs a cinquante-sept ans, c'est Guérassim Nikolaïévitch !

— Je n'ai absolument pas la prétention que ma pièce soit jouée par les fondateurs ! clamai-je. Qu'elle soit jouée par des jeunes !

— Ha ! Très bien ! Très fin ! s'écria Bombardov, dont le visage prit une expression satanique. Je vois ça d'ici : Argounine, Galine, Elaguine, Blagosvietlov, Strenkovski sur la scène, en train de saluer. Et bravo ! bis ! hourra ! Voyez, bonnes gens, quels remarquables acteurs, nous sommes ! Et pendant ce temps-là, les fondateurs, n'est-ce pas, seront assis dans leur coin, occupés à échanger des sourires confus, et à se dire qu'en somme, on n'a plus besoin d'eux ? Que décidément, ils sont bons pour l'asile de vieillards ? Hi ! hi ! hi ! Très fin ! Très bien trouvé !

— Je comprends ! m'écriai-je, en essayant de donner à ma voix, moi aussi, un ton satanique. Je comprends tout !

— Et qu'y avait-il d'incompréhensible là-dedans ? coupa Bombardov d'un ton sec. C'est Ivan Vassiliévitch lui-même qui vous a dit qu'il fallait transformer la fiancée en mère, pour que le rôle puisse être joué par Marguerite Pétrovna, ou Nastassia Ivanovna…

— Nastassia Ivanovna ?

— Vous n'êtes pas un homme de théâtre, répliqua Bombardov avec un sourire qui se voulait vexant, mais sans m'expliquer pourquoi il voulait me vexer.

— Dites-moi seulement une chose, repris-je avec ardeur. À qui pensaient-ils confier le rôle d'Anna ?

— À Ludmila Sylvestrovna Priakhina, cela va de soi.

Alors, sans savoir pourquoi, je fus pris de fureur.

— Quoi ? Quoi ? Ludmila Sylvestrovna ? – Je me levai de table avec violence. – Vous plaisantez ?

— Eh bien, qu'y a-t-il ? demanda Bombardov avec une curiosité amusée.

— Mais quel âge a-t-elle ?

— Ah ça, excusez-moi, mais personne ne le sait.

— Anna a dix-neuf ans ! Dix-neuf ans ! Vous comprenez ? Et encore, là n'est pas l'essentiel. L'essentiel, c'est qu'elle ne peut pas jouer !

— Le rôle d'Anna ?

— Pas le rôle d'Anna. En général, elle ne peut rien jouer !

— Permettez !

— Permettez vous-même ! Une actrice qui veut représenter le chagrin d'une personne humiliée et offensée, et qui s'y prend de telle sorte qu'un chat en perd la raison et met un rideau en lambeaux, je dis qu'elle ne peut rien jouer.

— Ce chat est une andouille, répondit Bombardov, qui se délectait de ma colère. Il a le cœur adipeux, et il souffre de myocardite et de neurasthénie. Il passe des journées entières assis sur un lit, sans voir personne. Alors naturellement, il a eu peur.

— Que le chat soit neurasthénique, je suis d'accord ! criai-je. Mais il a un instinct sûr, et il comprend parfaitement les choses de la scène. Il a très bien senti que tout cela sonnait faux ! Vous comprenez ? Abominablement faux ! Et il en a reçu un choc ! Et du reste, qu'est-ce que ça voulait dire, tout ce guignol ?

— C'est le résultat d'un « loup », expliqua Bombardov.

— C'est-à-dire ?

— Nous appelons ainsi tout incident, toute confusion qui se produit sur la scène. Par exemple, un acteur se trompe tout à coup dans son texte, ou bien le rideau ne tombe pas au moment voulu, ou encore...

— Bon, bon, je vois...

— Dans le cas présent, il y a eu deux loups : de la part d'Augusta Avdéïevna, et de la part de Nastassia Ivanovna. La première, en vous envoyant chez Ivan Vassiliévitch, n'a pas prévenu Nastassia Ivanovna de votre arrivée. Et celle-ci, avant de laisser Ludmila

Sylvestrovna faire son entrée, n'a pas vérifié s'il y avait quelqu'un chez Ivan Vassiliévitch. Bien que, naturellement, Augusta Avdéïevna soit moins fautive – Nastassia était partie aux magasins, chercher des champignons…

— Je comprends, je comprends, dis-je, en essayant d'émettre un rire méphistophélique, je comprends absolument tout ! Toujours est-il que votre Ludmila Sylvestrovna est incapable de jouer un rôle !

— Permettez ! Tous les Moscovites disent qu'en son temps, elle jouait admirablement…

— Eh bien, ils mentent, vos Moscovites ! m'écriai-je. Elle veut exprimer la peine et le chagrin, et ses yeux brillent de colère ! Elle danse et pousse de petits cris de ravissement : « L'été de la Saint-Martin ! », et son regard est plein d'angoisse ! Et quand elle rit, ça vous donne des fourmis dans le dos, comme si on vous avait versé de l'eau gazeuse derrière le col de la chemise ! Ce n'est pas une actrice !

— Et cependant ! Voilà trente ans qu'elle étudie la fameuse théorie de la personnification d'Ivan Vassiliévitch !

— Je ne connais pas cette théorie ! Et, à mon avis, elle ne lui a pas servi à grand-chose !

— Vous allez peut-être me dire aussi qu'Ivan Vassiliévitch n'est pas un acteur ?

— Ah non, ça non ! Il lui a suffi de me montrer Bakhtine en train de se poignarder, pour que je pousse un cri : il avait réellement les yeux morts ! Et quand il est tombé sur le divan, c'est un cadavre que j'ai vu ! Pour autant qu'on puisse en juger par cette courte scène – et on le peut, comme on peut reconnaître un grand chanteur à une seule phrase – Ivan Vassiliévitch est un phénomène théâtral extraordinaire ! Par contre, je suis absolument incapable de comprendre ce qu'il a dit sur le contenu de la pièce.

— Tout ce qu'il a dit était la sagesse même.

— Et le poignard ?

— Rendez-vous compte d'une chose : c'est que dès l'instant où vous vous êtes assis et où vous avez ouvert le cahier, il a cessé de vous écouter. Mais oui, mais oui. Il réfléchissait à la distribution des rôles, il se demandait comment les répartir entre les fondateurs, comment faire pour que tous puissent jouer votre pièce sans qu'aucun ne soit lésé... Et vous, là-dedans, vous faites partir on ne sait quels coups de feu. Il y a dix ans que je travaille dans notre théâtre, et on m'a raconté que la seule fois où il y a eu un coup de feu sur la scène, c'était en 1901 – et avec un résultat tout à fait fâcheux. Dans une pièce de... comment... voilà que j'ai oublié... un auteur connu... enfin, peu importe... donc, deux personnages nerveux se disputaient et s'injuriaient pour une question d'héritage, ils s'injuriaient, le ton montait, jusqu'au moment où l'un d'eux tirait un coup de revolver sur l'autre, en le ratant d'ailleurs... Pendant les simples répétitions, naturellement, un aide se contentait d'imiter le bruit en claquant dans ses mains. Mais à la générale, on a tiré un vrai coup de revolver. Alors Nastassia Ivanovna, qui n'avait jamais entendu de coups de feu de sa vie, est tombée en syncope, et Ludmila Sylvestrovna a eu une crise de nerfs. Depuis ce temps-là, les coups de feu ont été interdits. Et dans la pièce en question, on a changé la scène : le héros ne tirait pas, mais brandissait une pomme d'arrosoir en criant : « Je te tuerai, misérable ! » et en tapant du pied, et, selon l'opinion d'Ivan Vassiliévitch, la pièce n'avait fait qu'y gagner. L'auteur en fut mortellement offensé, et pendant trois ans, il refusa d'adresser la parole au directeur, mais Ivan Vassiliévitch tint bon…

À mesure que la nuit s'avançait et que nous étions gagnés par l'ivresse, mes éclats de colère devenaient plus rares et plus faibles, et au lieu de protester bruyamment contre les assertions de Bombardov, je me contentais maintenant de le presser de questions. Le sel du caviar rouge et du saumon fumé nous avait mis la bouche en feu, et nous apaisions notre soif en buvant force tasses de thé. La chambre était emplie d'une fumée épaisse et laiteuse. Nous avions ouvert le vasistas, et un souffle d'air glacé s'engouffrait dans la pièce, qui nous faisait frissonner de froid sans nous rafraîchir.

— Dites-moi, demandai-je d'une voix basse et sourde, dites-moi donc pourquoi, dans ces conditions, puisque la pièce ne leur convient pas, pourquoi ils ne veulent pas que je la donne à un autre théâtre ? À quoi peut-elle leur servir ? À quoi ?

— Comment, à quoi ? Belle question ! Mais pour notre théâtre, ce serait très intéressant d'avoir à son répertoire une nouvelle pièce, d'autant plus qu'elle peut certainement avoir du succès ! Pourquoi, pourquoi ! Et le contrat que vous avez signé, il vous interdit bien de donner votre pièce à un autre théâtre, non ?

À ce moment, surgirent devant mes yeux d'innombrables inscriptions, d'une étrange et flamboyante couleur verte : « L'auteur n'a pas le droit de... », « Attendu que... », « Au cas où... », parmi lesquelles se tortillaient d'un air rusé des signes de paragraphes. Je me rappelai le cabinet de cuir, et je crus un instant percevoir une senteur de parfums.

— Qu'il soit maudit ! grinçai-je.

— Qui ?

— Gabriel Stépanovitch ! Qu'il soit maudit !

— C'est un aigle ! s'écria Bombardov, les yeux enflammés.

— Lui ? Doux et paisible comme il est ? Lui qui parle tout le temps de l'âme !...

— Erreur ! Divagations ! Sottise ! Absence totale des facultés d'observation les plus élémentaires ! vocifera Bombardov, – et ses yeux jetèrent des étincelles, et sa cigarette jeta des étincelles, tandis que la fumée s'écoulait paresseusement de ses narines. – C'est un aigle ! Un condor ! Du haut d'un rocher gigantesque, ses yeux portent à quarante kilomètres alentour. Et dès qu'un point apparaît là-bas, dès que quelque chose remue imperceptiblement, il déploie ses ailes et prend son essor, puis soudain, il tombe comme une pierre ! Un cri plaintif, un râle... et déjà, il s'envole dans l'azur, à grands coups d'ailes, en emportant sa proie !...

— Vous êtes un poète, le diable vous emporte ! grognai-je.

— Et vous, murmura Bombardov avec un fin sourire, un méchant homme ! Ah, Serguéi Léontiévitch, je vous le prédis : vous connaîtrez des jours difficiles...

Je fus fort piqué des paroles de Bombardov. Je ne me considérais pas du tout comme un méchant homme, et j'allais le lui dire, quand je me rappelai ce qu'avait dit Likospastov de mon « œil mauvais »...

— En somme, dis-je en bâillant, en somme, ma pièce ne sera pas jouée ? En somme, tout est fichu ?

Bombardov m'examina attentivement, puis déclara avec une chaleur qui parut le surprendre lui-même :

— Préparez-vous à tout endurer. Je ne veux pas vous laisser d'illusions. Elle ne sera pas jouée. À moins d'un miracle...

La pâleur d'une aube d'automne, brumeuse et maladive, gagnait la fenêtre. Et malgré les restes peu appétissants qui jonchaient la table, malgré les soucoupes remplies de mégots, malgré tout ce triste désordre, soulevé par une nouvelle – et sans doute ultime – vague d'enthousiasme, je commençai un monologue sur le cheval d'or.

Je voulais dépeindre à mon auditeur les étincelles d'or qui couraient sur la croupe du cheval, le souffle froid et chargé d'odeurs particulières qu'exhalait la scène, les légers rires qui, le soir parcourent la salle... Mais l'essentiel n'était pas encore là. Brisant, dans mon exaltation, une soucoupe, je m'efforçai avec passion de convaincre Bombardov que, dès l'instant où j'avais vu le cheval d'or, j'avais tout compris, que les plus profonds secrets de la scène m'avaient été révélés, qu'en somme, depuis un temps immémorial – depuis mon enfance, ou peut-être même dès avant ma naissance – je rêvais de la scène, j'éprouvais à son égard une confuse et troublante nostalgie. Et voilà que le temps était venu !

— C'est ma seconde naissance ! criai-je. Ma seconde naissance ! Ma destinée est là ! Le temps est venu !

À ce moment, je ne sais quels rouages pivotèrent dans ma cervelle enfiévrée, et je vis surgir l'image de Ludmila Sylvestrovna en train de hurler et d'agiter frénétiquement un mouchoir de dentelles.

— Elle est incapable de jouer ! grinçai-je avec fureur.

— Voyons, permettez... On ne peut...

— Je vous prie de ne pas me contredire, coupai-je sèchement. Vous êtes habitué à elle, et vous n'y voyez plus rien. Moi, mon regard est neuf, il est clair et perçant ! Je lis en elle…

— Cependant !…

— Et aucune thé… théorie ne peut la sauver ! Tenez, le petit au nez crochu qui jouait le rôle d'un bureaucrate, avec ses mains blanches et sa voix aigrelette, il n'avait pas besoin de théorie, lui… et celui qui faisait l'assassin en gants noirs… pas besoin de théorie non plus !

— Argounine… dit Bombardov, dont la voix me parvenait comme assourdie, derrière un rideau de fumée.

— Les théories, ça n'existe pas ! m'écriai-je, sombrant définitivement dans l'outrecuidance, et je grinçai des dents pour montrer mon mépris, mais à ce moment, je découvris avec stupeur sur ma veste grise une large tache de graisse, au milieu de laquelle était collée une rondelle d'oignon. Je regardai autour de moi avec effarement. Les ombres de la nuit s'étaient envolées. Bombardov éteignit la lampe, et dans le jour bleuâtre, les objets apparurent un à un, dans toute leur laideur.

La nuit était consommée, la nuit était morte.

14. Mystérieux faiseurs de miracles

La mémoire humaine est curieusement construite. Tous ces événements sont encore très récents, me semble-t-il, et pourtant, il m'est impossible d'en reconstituer avec certitude la succession logique. Des maillons de la chaîne ont sauté, et sont perdus à jamais ! Quelque chose émerge dans mon souvenir, surgit et s'embrase en un bref incendie devant mes yeux, mais le reste s'est émietté, éparpillé, et il ne demeure dans ma mémoire qu'une sorte de poussière, et une pluie qui tombe lentement. La poussière – oui, elle existe. Mais la pluie ? La pluie ? Le mois qui suivit notre nuit de beuverie était donc le mois de novembre ? Sans doute. Mais alors, la pluie était certainement mêlée de neige à demi fondue. Vous connaissez Moscou, je suppose ? Inutile, donc, de le décrire. En novembre, il est excessivement désagréable de sortir dans les rues de la ville, ou de se rendre à quelque bureau.

Mais il n'y a là encore que demi-mal. Le pire, c'est quand la vie devient pénible chez soi. Avec quoi – dites-le-moi – peut-on enlever une tache d'un vêtement ? J'ai essayé ceci et cela, et je ne sais quoi d'autre encore, mais rien ! Certains résultats furent même étonnants. Par exemple, je frottai la tache avec un chiffon imbibé d'essence, et – ô miracle – la tache diminua, diminua, et disparut. J'étais heureux, car il n'y a pas de pire tourment pour l'homme qu'une tache sur ses vêtements. Il ne se sent plus net, plus comme il faut, et cela lui détraque le système nerveux. J'accrochai donc ma veste au portemanteau. Et le matin, quand je me levai, la tache était revenue, et il émanait d'elle une légère odeur d'essence. Même chose avec l'eau bouillante, le thé dilué, l'eau de Cologne. Certainement, il y avait une diablerie là-dessous ! J'enrageais, je commençais à avoir des tics – et je ne pouvais rien faire. Car c'est l'évidence même : quiconque a fait une tache sur son costume devra le porter ainsi, sans rémission, jusqu'à ce que le costume lui-même soit complètement pourri, et il pourra alors le jeter – pour toujours ! Pour moi, tout cela n'a plus d'importance maintenant, mais je souhaite aux autres que cela leur arrive le moins souvent possible.

Ainsi donc, je frottai, frottai la tache, et ne pus la faire partir, puis je me souviens que tous mes lacets de souliers se cassèrent, que je me mis à tousser, et que je devais aller chaque jour au *Courrier de la Navigation*, que je souffris de rhumatismes, à cause de l'humidité, et d'insomnies, et que je lus tout ce qui me tombait sous la main – Dieu seul sait quoi. En outre, par un étrange concours de circonstances, je ne voyais plus personne. Likospastov – je ne sais pour quelle raison – était parti au Caucase, l'ami à qui j'avais volé le pistolet avait été muté à Leningrad, et Bombardov avait une néphrite, et il était à l'hôpital. De loin en loin, j'allais lui rendre visite, mais naturellement, il n'était guère en état de parler du théâtre. De plus, il se rendait évidemment compte que, depuis l'aventure de *La Neige noire*, et quoi qu'il en fût, ce sujet était à éviter. Par contre, nous pouvions parler de ses reins, car là, toutes les consolations et tous les espoirs étaient autorisés. Nous parlions donc de ses reins, et même – sur le ton de la plaisanterie – du docteur Klee, mais nous n'avions guère le cœur à rire.

À chaque fois, d'ailleurs, que je voyais Bombardov, je me rappelais le théâtre, mais je trouvais en moi assez de volonté pour ne rien lui demander à ce sujet. D'une manière générale, je m'étais fait le serment de ne plus penser au théâtre – serment absurde, bien entendu. On ne peut s'interdire de penser. Mais on peut s'interdire de poser des questions sur le théâtre. Et cela, je me l'étais interdit.

Du reste, le théâtre semblait mort, et je n'en recevais aucune nouvelle. Je n'en entendais plus parler, en aucune façon. Comme je l'ai déjà dit, je ne voyais personne. J'allais chez des bouquinistes, où je passais de longues heures, accroupi dans l'ombre, à fouiller parmi des amoncellements de revues poussiéreuses. Je me rappelle y avoir vu une gravure extraordinaire – un arc de triomphe…

Entre-temps, la pluie cessa, et le gel survint d'un coup, sans que rien l'eût annoncé. La fenêtre de ma mansarde se couvrit d'arabesques et de ramages scintillants. Assis près d'elle, je soufflais sur une pièce de vingt kopecks que j'imprimais ensuite sur la surface givrée, tout en songeant qu'en fin de compte, écrire des pièces de théâtre et ne pas les faire jouer, c'est chose impossible.

Certains soirs, pourtant, montaient des appartements inférieurs les sons d'une valse, toujours la même – quelqu'un, sans doute, l'étudiait au piano – et cette musique fit naître dans ma petite boîte des scènes passablement rares et étranges. Par exemple, il me sembla que j'avais au-dessous de moi un repaire de fumeurs d'opium, où il se passa même quelque chose qu'avec désinvolture, j'intitulai « Troisième Acte ». Je voyais une fumée bleue, une femme au visage asymétrique, puis une sorte de noctambule en habit, intoxiqué par la fumée et, derrière lui, un homme au visage jaune comme du citron et aux yeux louches qui s'approchait furtivement, armé d'un poignard finlandais dangereusement affilé. Coup de couteau. Flot de sang. Divagations, comme vous voyez ! Sottises ! Où donc porter une pièce affublée d'un pareil troisième acte ?

Je n'écrivis même pas ce que j'avais imaginé. Et là, bien sûr, se pose une question, que je suis du reste le premier à me poser : pourquoi un homme qui s'est lui-même retiré du monde dans une mansarde, qui vient d'essuyer un grave échec, et qui de plus – je me rends compte de la chose, ne vous inquiétez pas – souffre de mélancolie, pourquoi cet homme n'a-t-il pas tenté une seconde fois de mettre fin à son existence ?

Je l'avoue franchement : ma première tentative a fait naître en moi une sorte de répulsion pour cet acte de violence. Voilà, pour ce qui me concerne. Mais la cause véritable, naturellement, est ailleurs. Chaque chose viendra en son temps. Du reste, assez là-dessus.

En ce qui concerne le monde extérieur, il est impossible, malgré tout, de rompre entièrement avec lui. Il se manifestait par le fait que, du temps où je recevais encore de Gabriel Stépanovitch tantôt cinquante, tantôt cent roubles, je m'étais abonné à trois revues théâtrales et à *Moscou-Soir*.

Et maintenant je recevais ces journaux, avec plus ou moins d'exactitude. Quand je parcourais la rubrique des « nouvelles théâtrales », je tombais de temps à autre sur des informations concernant des gens que je connaissais.

Ainsi, le 15 décembre, je lus : « Le célèbre écrivain Ismaël Alexandrovitch Bondarevski termine actuellement une pièce intitulée *Les Poignards de Montmartre*, sur les milieux de l'émigration. Le bruit court que la pièce sera présentée par l'auteur au Vieux Théâtre. »

Le 17, en ouvrant le journal, je tombai immédiatement sur l'entrefilet suivant : « L'écrivain bien connu I. Agapénov travaille avec ardeur à une comédie intitulée *Le Beau-Frère*, qui lui a été commandée par le Théâtre de la Cohorte des Amis. »

Le 22, je pus lire ces lignes : « L'auteur dramatique Klinker, dans une interview qu'il a accordée à notre collaborateur, nous informe qu'il a l'intention de présenter une pièce au Théâtre Indépendant. Albert Albertovitch a déclaré que sa pièce était une large fresque de la guerre civile sous Kassimov. Elle a pour titre provisoire : *L'Assaut*. »

Ensuite, cela se mit à tomber dru comme grêle : le 21, le 24, le 26. Le 26, le journal donnait en troisième page la photographie plutôt floue d'un jeune homme au visage excessivement maussade, qui avait l'air prêt à foncer sur le premier venu cornes en avant. L'information disait qu'il s'agissait d'un certain I. S. Troc. Il écrivait un drame. Il en était au troisième acte.

Onésime Jvenko. Quatre actes.

Anbakomov. Cinq actes.

Le 2 janvier, je me fâchai.

Le journal écrivait : « Le conseiller artistique M. Panine a réuni au Théâtre Indépendant un groupe d'auteurs dramatiques. Le débat eut pour thème la nécessité de créer des œuvres contemporaines pour le Théâtre Indépendant. »

Cette note était intitulée : « Il est grand temps ! » et elle reprochait, avec regret, au Théâtre Indépendant d'être le seul à n'avoir pas encore monté de spectacle contemporain « reflétant notre époque ». « Et pourtant, ajoutait le journal, c'est bien lui, le Théâtre Indépendant, lui entre tous les autres, qui est le plus apte à découvrir une pièce de qualité due à un auteur dramatique contemporain, si le soin de cette découverte est confié à des maîtres aussi réputés qu'Ivan Vassiliévitch et Aristarque Platonovitch. »

Ensuite venaient des reproches justifiés à l'égard des dramaturges qui, jusqu'à présent, n'avaient pas su trouver le moyen de créer des œuvres dignes du Théâtre Indépendant.

Vivant seul, j'avais acquis l'habitude de bavarder avec moi-même.

— Permettez, grommelai-je avec une moue offensée. Comment cela : personne n'a écrit de pièce ? Et le pont ? et l'accordéon ? et le sang sur la neige piétinée ?

Le vent faisait tourbillonner la neige derrière la fenêtre, et il me semblait voir ce maudit pont, et entendre dans le sifflement de la tempête les notes tristes de l'accordéon et les claquements secs des coups de feu.

Le thé se refroidissait dans mon verre, et de la page du journal, une figure à favoris me contemplait. Au-dessous, on avait reproduit un télégramme envoyé à la réunion par Aristarque Platonovitch : « Du lointain Calcutta – avec vous par la pensée. »

— Ah, murmurai-je en bâillant, là-bas, la vie bouillonne et gronde comme un fleuve entre ses berges, et moi, c'est comme si j'étais enterré…

La nuit passa, et le lendemain passa, et passèrent tous les jours que Dieu fit – sans qu'aucun d'eux laissât d'autres traces que le souvenir de mon échec.

Boitant, frottant mon genou douloureux, je me traînai jusqu'au divan, commençai à ôter ma veste, frissonnai de froid et entrepris de remonter ma montre.

Ainsi passèrent beaucoup de nuits, et je me les rappelle, en quelque sorte, toutes ensemble, mais aucune distinctement. Ce que je sais, c'est que j'avais froid pour dormir. Quant aux journées, elles ont été pour ainsi dire lavées de ma mémoire : je ne m'en souviens plus du tout.

Le mois de janvier tirait à sa fin quand j'eus un rêve que je me rappelle avec précision, et qui survint dans la nuit du 20 au 21 janvier.

Je traversais à pas lents une immense salle, dans un palais. Le long des murs, des chandelles lourdes, grasses, à reflets dorés, brûlaient dans leurs chandeliers avec une flamme fuligineuse. J'étais bizarrement accoutré, les jambes moulées dans des chausses telles qu'on les portait au quinzième siècle. Je marchais, et une dague était accrochée à ma ceinture. Tout le charme capiteux de ce rêve résidait, non dans le fait que j'étais, de toute évidence, un prince régnant, mais précisément dans ce poignard, qui répandait une visible terreur parmi les courtisans groupés près des portes. Aucun vin ne pouvait m'enivrer autant que ce poignard, et en souriant – non, en riant, silencieusement ! – j'avançais à pas lents et feutrés – droit vers les portes.

Ce rêve me ravit à un tel point qu'une fois éveillé, je continuai de rire pendant quelques instants... jusqu'au moment où l'on frappa à la porte de ma chambre.

Enveloppé dans ma couverture et traînant mes savates éculées, j'allai ouvrir. À peine le battant fut-il entrouvert que la main de ma voisine s'y glissa, tenant une enveloppe où luisaient les deux lettres d'or T.I.

J'ouvris l'enveloppe hâtivement. Aujourd'hui elle est là, sous mes yeux, avec sa déchirure oblique – et je l'emporterai avec moi ! J'y trouvai une feuille ornée des mêmes lettres gothiques, et couverte de la grande et grosse écriture de Thomas Strij :

« Cher Serguéi Léontiévitch !

« Venez au théâtre immédiatement ! Je commence les répétitions de *La Neige noire* demain à midi

« Votre

Th. STRIJ. »

Je m'assis sur le divan et, le sourire torve et l'œil hagard, je contemplai la lettre. Puis, sans savoir pourquoi, je pensai à Ludmila Sylvestrovna en examinant mes genoux nus.

Au bout d'un moment, on frappa de nouveau à la porte, à coups impérieux et allègres.

— Oui, dis-je.

Et Bombardov entra. Il était d'une pâleur tirant sur le jaune, et sa taille semblait s'être allongée depuis sa maladie. Il dit d'une voix elle-même changée :

— Ah, vous savez déjà ? C'est pour cela que je venais vous voir.

Je me dressai, et, laissant glisser à terre ma couverture – dans toute ma nudité et tout mon dénuement – je lâchai la lettre et l'embrassai.

— Comment cela a-t-il pu se faire ? lui demandai-je en me baissant pour ramasser le papier.

— Je n'en sais rien moi-même, répondit mon cher hôte. Personne n'en sait rien, ni ne le saura jamais. Je pense que cela vient de Panine et de Strij. Mais comment ils s'y sont pris – mystère. Car cela dépassait les forces humaines. En un mot : c'est un miracle.

Deuxième partie

15. La répétition

En un long et mince serpent gris, un fil électrique se déroulait à travers toute la largeur de l'orchestre, pour disparaître on ne sait où. Il alimentait une petite lampe posée sur une table placée dans l'allée centrale, et qui paraissait minuscule dans cet immense espace. La lampe donnait juste assez de lumière pour éclairer une feuille de papier et un encrier posés sur la table. À côté de la feuille de papier, sur laquelle était dessinée une gueule au museau camard, traînaient un morceau de peau d'orange et un cendrier plein de mégots. Une carafe d'eau, placée hors du cercle lumineux, luisait vaguement dans l'ombre.

Tout le reste de l'orchestre et du parterre était noyé d'ombre, de sorte que les gens qui venaient de la lumière extérieure devaient d'abord avancer à tâtons, en se tenant aux dossiers des fauteuils, jusqu'à ce que leurs yeux fussent accoutumés.

Le rideau était ouvert, et la scène était faiblement éclairée d'en haut par quelques ampoules de la herse. Un pan de mur y était dressé, dos au public, et on y voyait l'inscription : « Les loups dans la bergerie – 2. »

Sur le plateau se trouvaient également un fauteuil, un secrétaire et deux tabourets. Dans le fauteuil était assis un machiniste en chemise russe et veston, et sur l'un des tabourets, un jeune homme en veston et pantalons ordinaires, mais dont la taille était sanglée dans un ceinturon où pendait un sabre à dragonne.

Dans la salle, l'air était étouffant. Car au-dehors, on était déjà en plein de mois mai.

Les répétitions avaient été interrompues par un entracte, et les acteurs étaient partis se restaurer au buffet. Moi, j'étais resté. Les événements des derniers mois avaient laissé des traces, et je me sentais dans le même état que si l'on m'avait battu. J'avais envie de m'asseoir, et de rester assis longtemps, sans bouger. Ces moments de lassitude étaient d'ailleurs entrecoupés de brusques sursauts d'énergie nerveuse, au cours desquels je ne tenais pas en place et voulais à toute force parler, discuter, m'expliquer. Pour le moment, j'étais en période d'abattement. Sous l'abat-jour de la petite lampe, la fumée s'étalait en nappes épaisses aspirées l'une après l'autre par l'abat-jour, qui les soufflait par le haut dans l'air immobile de la salle, où elles se dissipaient.

Mes pensées et mes rêveries tournaient autour d'un seul objet : ma pièce. Dès l'instant où l'on m'avait apporté la lettre décisive de Thomas Strij, ma vie avait changé jusqu'à devenir méconnaissable. J'étais un autre homme, soudain venu au monde, ma chambre était devenue tout autre, bien qu'elle fût restée en tous points la même, et les gens qui entouraient cet homme nouveau étaient autres, eux aussi, – et l'homme que j'étais maintenant avait acquis, eût-on dit, le droit à l'existence dans la ville de Moscou, il avait acquis une signification – voire une certaine importance.

Cependant, mes pensées restaient attachées à un seul objet : ma pièce. Elle emplissait tous mes instants, même ceux du sommeil, car je rêvais d'elle, et elle m'apparaissait tantôt représentée dans des décors inconnus, tantôt brutalement retirée du répertoire, parfois comme un four complet, parfois comme un succès éclatant. Dans ce dernier cas, je me rappelle qu'elle était jouée sur des sortes d'échafaudages inclinés où les acteurs étaient disséminés comme des peintres en bâtiment le long d'une façade. Ils jouaient tous avec une lanterne à la main, et à tout moment, ils entonnaient des chansons. L'auteur, sans aucune raison apparente, se trouvait parmi eux, et il se promenait le long des fragiles montants aussi librement qu'une mouche sur un mur. En bas, il y avait des tilleuls et des pommiers, car la pièce se déroulait dans un jardin rempli d'une foule remuante et prodigieusement excitée.

Dans le premier cas – celui de l'insuccès total – il y avait une variante qui revenait très souvent : l'auteur se rendait à la répétition générale, mais il avait oublié de mettre son pantalon. Dès ses premiers pas dans la rue, il se sentait gêné, mais il gardait un vague espoir de passer inaperçu, et même, il préparait à l'intention des passants qui auraient paru surpris une justification : quelque chose à propos d'un bain qu'il venait de prendre, et de son pantalon qui, d'après lui, avait dû rester dans les coulisses. Mais plus il allait, plus la situation devenait pénible, et le pauvre auteur avait la sensation de coller au trottoir, et il cherchait un crieur de journaux – mais il n'y en avait pas, et il voulait acheter un manteau – mais il n'avait pas d'argent, alors il se cachait sous une porte cochère, et il s'apercevait qu'il était déjà en retard pour la générale…

— Vania ! lança de la scène une voix affaiblie par la distance. Vania ! Envoie le jaune !

Là-haut, dans la dernière loge de galerie, tout contre les moulures du cadre de scène, quelque chose parut s'embraser, et un faisceau lumineux qui allait en s'évasant tomba de biais sur le plateau, où se forma une tache jaune et ronde qui se mit à ramper çà et là, saisissant dans son cercle tantôt un fauteuil au capitonnage usé, dont les bras dorés s'écaillaient, tantôt un accessoiriste ébouriffé qui tenait à la main un candélabre de bois.

L'entracte tirait à sa fin, et une agitation croissante gagnait la scène. Tout en haut, les innombrables frises, pendues parallèlement les unes aux autres, s'animèrent soudain. L'une d'elles s'enleva plus haut encore, dévoilant du même coup une éblouissante rangée de lampes de mille bougies. Une autre, au contraire, descendit, mais, avant d'avoir atteint le sol, elle disparut dans les coulisses. Celles-ci révélèrent des zones d'ombre épaisse, et le faisceau de lumière jaune s'éteignit, comme absorbé soudain par la loge d'où il venait. Un homme en tenue de ville traversa la scène en faisant sonner les éperons fixés à ses chaussures. Puis quelqu'un se pencha sur le plateau et cria à travers le plancher, en mettant ses mains en cornet :

— Gnobine ! Vas-y !

Alors, presque sans aucun bruit, tout ce qui se trouvait sur la scène commença à glisser latéralement. L'homme au candélabre fut entraîné comme le reste, et il disparut avec son chandelier, bientôt suivi du fauteuil et du secrétaire. Un homme entra en courant, dans un sens opposé au mouvement circulaire du plateau : il oscilla, faillit tomber, puis reprit son équilibre et sortit. Le bourdonnement qui montait des dessous s'accentua, et l'on vit apparaître, à la place des objets maintenant cachés dans l'arrière-scène, un étrange et complexe édifice formé d'escaliers escarpés en bois brut, entre lesquels s'allongeait un tablier de planches soutenu par un enchevêtrement de montants et de traverses. « Voilà le pont », me dis-je, et comme toujours, j'éprouvai une inexplicable émotion quand il s'arrêta à sa place.

— Gnobine ! Stop ! cria-t-on sur le plateau. Gnobine ! Un peu en arrière ! Là !

Le pont s'immobilisa. Des ampoules rebondies à la lumière aveuglante apparurent un instant dans les cintres, puis elles furent cachées par un châssis de toile grossièrement peinte qui descendit lentement et s'arrêta en pan coupé. « La maison du garde… », pensai-je, m'embrouillant dans la géométrie de la scène, m'énervant, et essayant d'imaginer l'allure que tout cela aurait lorsque, au lieu de cet assemblage hétéroclite de parties de décors empruntées au hasard à d'autres pièces, on aurait construit enfin un vrai pont. Dans les coulisses s'allumèrent de grosses lampes à réflecteurs pareilles à des yeux de grenouilles, et d'en bas, un flot de lumière vive et chaude inonda la scène. « La rampe… », murmurai-je.

À ce moment, je clignai des yeux pour examiner la silhouette qui s'approchait à grands pas de la table du metteur en scène, près de laquelle j'étais assis.

« Voilà Romanus, pensai-je. Ça veut dire qu'il va se passer quelque chose… », et d'une main, j'abritai mes yeux de la lumière de la lampe.

Effectivement, un instant plus tard, une barbiche à deux pointes se penchait au-dessus de moi, et dans la demi-obscurité qui nous enveloppait, les yeux brillants d'excitation du chef d'orchestre Romanus me regardèrent. Au revers de sa veste luisait un insigne commémoratif, frappé de deux lettres « T . I . »

— *Se non e vero, e ben trovato*, et peut-être même encore plus fort ! commença comme d'habitude Romanus, et ses yeux se tournèrent de tous côtés, flamboyant comme ceux d'un loup dans la steppe.

Romanus cherchait une victime. Finalement, n'en trouvant pas, il s'assit à côté de moi.

— Dites-moi, que pensez-vous de ça, hein ? me demanda-t-il en grimaçant.

« Ça y est, il essaie de m'entraîner dans sa conversation !... », pensai-je en me crispant.

— Frapper le premier violon – une femme, qui plus est ! – d'un coup de trombone dans le dos ! Qu'en pensez-vous, hein ? demanda-t-il avec exaltation. Non ! C'est insensé ! Ça fait trente-cinq ans que je travaille au théâtre, et je n'ai encore jamais vu une chose pareille ! Est-ce que Strij s'imagine que les musiciens sont des cochons, et qu'on peut les entasser dans une porcherie ? Ce serait intéressant, hein ? de connaître le point de vue d'un écrivain là-dessus.

Je ne pouvais me taire plus longtemps.

— Mais que s'est-il passé ? demandai-je.

Romanus n'attendait que cela. D'une voix puissante, dans l'intention évidente d'être entendu des machinistes qui se penchaient avec curiosité par-dessus la rampe, Romanus raconta que Strij avait fourré les musiciens dans la fosse d'orchestre, une espèce de réduit où il était absolument impossible de jouer, pour les raisons suivantes : premièrement, c'était excessivement étroit ; deuxièmement, on n'y voyait rien ; troisièmement, de la salle, on n'entendait pas une note ; et quatrièmement, lui-même n'avait aucun endroit où se mettre, de sorte que les musiciens ne le voyaient pas.

— Il est vrai, proclama Romanus d'une voix retentissante, il est vrai qu'il y a des gens qui s'y connaissent en musique à peu près autant que certains animaux…

« Le diable t'emporte ! » pensai-je.

— … en certains fruits !

Les efforts de Romanus furent couronnés de succès : des rires partirent de la cabine du jeu d'orgue, et une tête se montra.

— Et ces gens-là, au lieu de s'occuper de mise en scène, feraient mieux d'aller vendre du kvass à la porte du cimetière de Novodiévitchi ! claironna Romanus.

Les rires fusèrent à nouveau.

J'appris en fin de compte que l'incurie de Strij avait eu les résultats scandaleux auxquels il fallait s'attendre. Dans l'obscurité, le trombone avait enfoncé son instrument dans le dos d'Anna Anouphrievna Dienjina, premier violon, de telle sorte…

— … que les rayons X en montreront toutes les conséquences !

Romanus ajouta que, d'ordinaire, ce n'est pas dans les théâtres qu'on se fait briser les côtes, mais plutôt dans les débits de bière, où, du reste, certains vont chercher leur éducation artistique…

Le visage égayé de l'électricien s'agita au-dessus de l'ouverture de la cabine, et sa bouche se fendit jusqu'aux oreilles.

Mais, affirma Romanus, ça ne se passera pas comme ça. Il avait indiqué à Anna Anouphrievna ce qu'elle devait faire. Et grâce à Dieu, rappela-t-il, nous vivons en régime soviétique, où il n'est pas d'usage de casser les côtes des camarades syndiqués. Aussi avait-il aidé Anna Anouphrievna à faire un rapport circonstancié à la section syndicale.

— Mais je vois à votre regard, poursuivit Romanus en s'agrippant à moi et en essayant de m'attirer dans le cercle de lumière, que vous n'êtes pas pleinement convaincu que notre renommé secrétaire de section syndicale s'y connaît en musique tout aussi bien qu'un Rimsky-Korsakov ou un Schubert !

« Tu parles ! » pensai-je.

— Permettez… commençai-je, d'un ton que je voulais sévère.

— Non, soyons sincères ! s'écria Romanus en me pressant le bras. Vous êtes écrivain ! Et, vous le comprenez mieux que personne, il est infiniment peu probable que Mitia Petitmignon, fût-il secrétaire de vingt sections syndicales, soit capable de distinguer un hautbois d'un violoncelle, ou une fugue de Bach du fox-trot *Allelujah !*

Et Romanus se déclara très heureux que – par chance ! – son meilleur ami…

— … et compagnon de beuveries…

Un gros rire se mêla aux gloussements qui venaient du jeu d'orgue, et la tête d'un deuxième électricien apparut dans l'ouverture.

— … Anton Kalochine soit là pour aider Petit-mignon à se débrouiller dans les questions artistiques. Cela, d'ailleurs, n'a rien d'étonnant : avant de travailler au théâtre, Anton était dans les pompiers, où il jouait de la trompette. Sans lui, en tout cas – Romanus s'en portait garant – il y a certains metteurs en scène qui confondraient facilement l'ouverture de *Russlan* avec le fox-trot *Oh when the Saints*…

« Cet homme est dangereux, pensai-je en regardant Romanus, sérieusement dangereux. Il n'y a pas de défense contre ses procédés ! »

… Et sans Kalochine, bien sûr, on pourrait se permettre n'importe quoi – par exemple obliger les musiciens à jouer la tête en bas, pendus par les pieds au gril des cintres – vu qu'Ivan Vassiliévitch ne vient jamais au théâtre. Mais il n'empêche que le théâtre devra indemniser Anna Anouphrievna pour ses côtes défoncées. De plus, Romanus lui a conseillé de s'informer auprès du syndicat pour savoir ce qu'il pense de pareilles choses, à propos desquelles on peut bien dire : « *Se non e vero, e ben trovato*, et peut-être même encore plus fort ! »

Des pas étouffés se firent entendre derrière nous. Allais-je être délivré ?

Près de la table apparut André Andréiévitch. André Andréiévitch était le premier assistant du metteur en scène, et il était chargé de la conduite générale de *La Neige noire*. André Andréiévitch, blond, replet, fortement charpenté, était âgé d'une quarantaine d'années. Il avait le regard vif d'un homme plein d'expérience, et il connaissait parfaitement son affaire. Et son affaire n'était pas des plus simples.

André Andréiévitch, comme on était en mai, avait changé son habituel costume sombre et ses souliers marron pour une chemise de satin bleu et des chaussures de toile jaunâtres. Mais il avait gardé sous le bras son inévitable classeur.

L'œil de Romanus s'enflamma, et André Andréiévitch n'eut pas le temps de placer son classeur sous la lampe qu'éclatait le scandale.

Il commença par une phrase de Romanus :

— Je proteste catégoriquement contre les actes de violence dont sont victimes les musiciens, et je vous prie d'inscrire ce qui se passe au procès-verbal !

— Quels actes de violence ? demanda André Andréiévitch de son ton le plus officiel, en levant à peine un sourcil.

— Si nous nous mettons maintenant à jouer des pièces qui ressemblent plus à des opéras qu'à..., commença Romanus, mais, s'avisant que l'auteur était à côté de lui, il reprit, en grimaçant un sourire hâtif à mon adresse : ... et on a raison ! Cela prouve que notre auteur comprend toute la valeur de la musique dans l'art dramatique !... Eh bien... heu... Je vous prie de trouver pour l'orchestre un endroit où il puisse jouer !

— On lui a trouvé la fosse d'orchestre, dit André Andréiévitch en ouvrant son classeur, avec l'air de quelqu'un à qui on fait perdre un temps précieux.

— La fosse d'orchestre, hein ? Et pourquoi pas le trou du souffleur ? Ou le magasin des accessoires ?

— Vous avez dit vous-même que vous ne pouviez pas jouer dans les coulisses.

— Et je le répète ! cria Romanus d'une voix aiguë. Et pour votre gouverne, sachez que nous ne pouvons pas jouer non plus dans le salon de thé !

— Je le sais aussi bien que vous, que vous ne pouvez pas jouer dans le salon de thé. Pour votre gouverne, dit André Andréiévitch en levant l'autre sourcil.

— Vous le savez, répondit Romanus après s'être assuré que Strij n'était pas encore revenu, parce que vous êtes un vieux collaborateur du théâtre, et que vous vous y connaissez dans les problèmes artistiques, ce qu'on ne saurait dire de certains metteurs en scène...

— Néanmoins, adressez-vous au metteur en scène. Il a lui-même vérifié l'acoustique...

— Pour vérifier l'acoustique, encore faut-il avoir un appareil quelconque qui permette déjà, par exemple, de vérifier ses propres oreilles ! Si, dans votre enfance...

— Je refuse de poursuivre la conversation sur ce ton, dit André Andréiévitch en fermant son classeur.

— Quel ton ? Quel ton ? s'exclama Romanus, l'air très étonné. Je m'adresse à l'écrivain ici présent, afin qu'il confirme son indignation de voir que chez nous, on estropie les musiciens !

— Hé ! Permettez !... dis-je, en voyant le regard étonné d'André Andréiévitch.

— Non ! Excusez-moi ! s'écria Romanus en s'adressant à André Andréiévitch. Mais, si un assistant qui devrait connaître la scène comme ses cinq doigts...

— Je vous prie de vous abstenir de m'apprendre mon métier, répliqua André Andréiévitch en arrachant par mégarde le cordon de son classeur.

— Ça ne vous ferait peut-être pas de mal, glissa Romanus avec un sourire venimeux.

— J'inscrirai au procès-verbal ce que vous venez de dire !

— Et j'en serai fort heureux !

— Et je vous prie de me laisser tranquille ! Vous désorganisez volontairement les répétitions !

— Je vous prie d'inscrire cela aussi ! s'écria Romanus d'une voix de fausset.

— Je vous prie de ne pas crier !

— Et moi aussi, je vous prie de ne pas crier !

— Ne criez pas, je vous prie ! repartit André Andréiévitch dont les yeux lancèrent des éclairs, et soudain, il s'écria avec fureur : Hé ! Là-haut ! Mais qu'est-ce que vous fabriquez ?

Et il grimpa quatre à quatre l'escalier de la scène.

Mais déjà Strij descendait l'allée centrale, tandis que derrière lui apparaissaient les silhouettes indistinctes des acteurs.

Je me rappelle également la manière dont le scandale commença avec Strij.

Dès qu'il le vit, Romanus alla à sa rencontre, le saisit par le bras et dit :

— Thomas ! Je sais tout le prix que tu attaches à la musique, et que ce qui arrive n'est pas de ta faute. Mais je demande – j'exige même – que ton assistant cesse de se moquer outrageusement des musiciens !

— Hé ! Là-haut ! criait André Andréiévitch sur la scène. Où est passé Bobyliev ?

Des cintres, une voix étouffée répondit :

— Bobyliev déjeune !

Cependant, les acteurs faisaient cercle autour de Romanus et de Strij.

On était en mai, et il faisait chaud. Tous ces gens, dont les visages étaient mystérieux dans la pénombre ménagée par l'abat-jour de la petite lampe, s'étaient maquillés et démaquillés cent fois, avaient changé cent fois de personnalité, avaient éprouvé ou joué toutes les formes d'émotion, et leurs forces étaient épuisées... Fatigués par la saison, ils étaient devenus nerveux, capricieux, et ils ne cessaient de s'agacer les uns les autres. Romanus leur fournissait une source inépuisable de divertissements plaisants et variés.

Skavronski, un acteur de haute taille aux yeux d'un bleu vif, se frottait joyeusement les mains :

— Bien, bien, bien... Vas-y ! Vrai Dieu ! Vas-y, Oscar, dis-leur tout !

Les résultats ne se firent pas attendre.

— Je te prie de ne pas me crier dans les oreilles ! vociféra Strij à l'adresse de Romanus, en plaquant violemment le manuscrit sur la table.

— Mais c'est toi qui cries ! siffla Romanus.

— Parfaitement ! Vrai Dieu ! s'exclama gaiement Skavronski.

Et il s'amusa à aiguillonner tour à tour Romanus :

— Très juste, Oscar ! Nos côtes sont plus précieuses que tous ces spectacles !

et Strij :

— Et les acteurs, alors, est-ce qu'ils valent moins que les musiciens ? Note bien ça, Thomas, note bien ça !

— J'irais volontiers boire un verre de kvass, dit en bâillant Elaguine, plutôt que de répéter... Est-ce que ça va durer longtemps, cette zizanie ?

La zizanie dura encore quelque temps. Du cercle qui cachait la lampe partaient des cris divers, et des nuages de fumée montaient au plafond.

Mais la zizanie ne m'intéressait plus. Essuyant mon front en sueur, je me tenais près de la rampe, d'où j'observais la décoratrice Aurore Gossier qui, troussequin en mains, effectuait je ne sais quelles mesures au bord du plateau tournant. Son visage était calme, un peu triste, peut-être, et ses dents serrées. Lorsqu'elle se penchait au-dessus de la rampe, ses cheveux clairs brillaient d'un vif éclat, comme si on les avait enflammés, et lorsqu'elle reculait, ils s'éteignaient et prenaient une couleur de cendre. Et je songeais que tout ce qui se passait en ce moment – et qui se prolongeait si péniblement – s'achèverait bientôt – pour toujours…

Cependant, la zizanie prit fin.

— Allons, les enfants ! Allons ! s'écria Strij, nous perdons du temps !

Patrickéiev, Vladytchinski, Skavronski étaient déjà sur le plateau, mêlés aux accessoiristes et aux machinistes. Romanus les y suivit résolument, et bien entendu, il ne manqua pas de laisser des traces de son passage. Il commença par prendre à part Vladytchinski ; ne trouvait-il pas, lui demanda-t-il d'un air soucieux, que Patrickéiev abusait vraiment des procédés de la farce, de sorte que le public éclatait de rire juste au moment où Vladytchinski prononçait cette phrase très importante : « Et où voulez-vous que j'aille ? Je suis seul, je suis malade… »

Vladytchinski devint pâle comme la mort. Une minute plus tard les acteurs, les machinistes et les accessoiristes étaient alignés le long de la rampe, et ils écoutaient Vladytchinski et Patrickéiev – qui se haïssaient depuis longtemps – échanger des injures. Vladytchinski, un homme de stature athlétique, au teint naturellement pâle, mais qui cette fois était blême de rage, serra les poings et, donnant à sa voix puissante des intonations lourdes de menaces, il déclara sans regarder Patrickéiev :

— Il y a déjà un moment que je réfléchis à cette question. Il est grand temps, je crois, de s'occuper sérieusement de ces clowns de cirque qui font de l'esbroufe et déshonorent le nom du théâtre !

Patrickéiev, qui, sur la scène, jouait les jeunes premiers comiques, et qui dans la vie était extrêmement habile, rapide et sûr de lui, s'efforça de donner à son visage une expression à la fois méprisante et sévère – ce qui eut pour résultat que ses yeux exprimèrent un chagrin inconsolable et sa figure une intolérable souffrance physique – et répondit d'une voix grinçante :

— Je vous prie de mesurer vos paroles ! Vous vous oubliez ! Je suis un acteur du Théâtre Indépendant – et non un histrion de cinéma, comme vous !

Romanus s'était retiré dans la coulisse, et ses yeux brillaient de plaisir, tandis que les voix des deux adversaires couvraient celle de Strij, qui, des premiers rangs de fauteuils, s'égosillait :

— Suffit ! Arrêtez à l'instant même ! André Andréiévitch ! Appelez Stroiev à la sonnette d'urgence ! Où est-il, d'ailleurs, celui-là ? Vous foutez par terre tout mon plan de travail !

André Andréiévitch, d'un geste depuis longtemps machinal, appuya sur un bouton au tableau de commande du régisseur, et partout, derrière les coulisses, au buffet, au salon de thé, au foyer, une sonnerie stridente et impérieuse retentit.

Stroiev, qui s'était oublié à bavarder avec Toropietskaïa dans l'étuve, bondit et dévala les escaliers qui conduisaient à la salle. Mais il évita celle-ci et gagna la scène par les dégagements. Il se glissa d'abord jusqu'à la cabine du régisseur, et de là, il s'approcha tranquillement de la rampe, en faisant légèrement tinter les éperons fixés à ses chaussures de ville, avec l'air de quelqu'un qui s'ennuie un peu d'être là depuis si longtemps.

— Où est Stroiev ? aboyait Strij. Sonnez-le, sonnez-le jusqu'à ce qu'il vienne ! Et j'exige que ces disputes cessent immédiatement !

— Je vais sonner ! répondit André Andréiévitch qui se retourna, et vit Stroiev derrière lui. Alors ? dit-il sévèrement, tandis que la sonnerie s'arrêtait brusquement. On vous appelle d'urgence et… !

— Moi ? fit Stroiev. Mais pourquoi ? Il y a dix minutes que je suis là, si ce n'est un quart d'heure… minimum… *Mama mia…*

Et il toussota pour s'éclaircir la voix.

André Andréiévitch respira un grand coup, mais il ne dit rien, se contentant de lancer à Stroiev un regard lourd de sens. Quant à l'air qu'il venait d'aspirer, il l'utilisa pour lancer à la ronde :

— Dégagez la scène, s'il vous plaît ! On commence !

Le calme revint aussitôt. Les accessoiristes se retirèrent, et les acteurs se mirent en place. Dans la coulisse, Romanus félicitait à voix basse Patrickéiev d'avoir répliqué si fermement et si justement à Vladytchinski, car, ajouta-t-il, celui-ci méritait depuis longtemps de se faire moucher.

16. Un heureux mariage

En juin, la chaleur fut encore plus forte qu'en mai.

Je me souviens de ce fait, alors que le reste se trouva bizarrement gommé de ma mémoire – à part quelques fragments sans suite. Ainsi je me rappelle avoir remarqué le fiacre de Drykine, arrêté devant l'entrée du théâtre, Drykine assis sur le siège avec une veste molletonnée bleue, et les visages étonnés des chauffeurs qui passaient avec leur voiture devant l'attelage.

Ensuite, il m'est resté l'image d'une vaste salle, où était disposé sans ordre un grand nombre de chaises sur lesquelles étaient assis des acteurs. Derrière une table couverte d'un tapis, il y avait Ivan Vassiliévitch, Thomas Strij et moi.

Durant cette époque, j'appris à mieux connaître Ivan Vassiliévitch, mais je puis dire que j'en ai gardé le souvenir d'une période d'extrême tension. Cela provenait du fait que j'employais tous mes efforts à tenter de produire sur Ivan Vassiliévitch une bonne impression, ce qui n'allait pas sans me causer d'innombrables soucis.

Le lendemain de ma soirée avec Bombardov, je donnai mon costume gris à repasser à Doussia – travail pour lequel je la payai convenablement.

Sous un porche, j'avais découvert une fragile échoppe qui semblait faite de carton, occupée par un gros homme qui portait aux doigts deux bagues ornées de brillants. Je lui achetai vingt faux cols amidonnés, et chaque jour, pour me rendre au théâtre, j'en mettais un propre. En outre – non dans une échoppe cette fois, mais dans un grand magasin d'État – j'achetai six chemises : quatre blanches, une à rayures mauves et une à petits carreaux bleus, ainsi que huit cravates de différents coloris. À un homme qui – quel que fût le temps – ne portait pas de chapeau et qui tenait au coin d'une rue un étal jonché de lacets de chaussures, j'achetai deux boîtes de cirage jaune. Et chaque matin, je cirais mes souliers à l'aide d'une brosse empruntée à Doussia, puis je les faisais briller en les frottant avec un pan de ma robe de chambre.

Ces dépenses princières, hors de proportions avec mes ressources, me conduisirent à composer en deux nuits une courte nouvelle que j'intitulai *La Puce*. Ce récit en poche, je profitai du temps libre que me laissaient les répétitions pour courir les rédactions des journaux, où j'essayai de le vendre. Je commençai naturellement par *Le Courrier de la Navigation*. Mon texte leur plut, mais ils refusèrent de le publier, pour la raison tout à fait pertinente qu'il n'avait aucun rapport avec la navigation fluviale. Il serait fastidieux de raconter par le détail mes visites aux rédactions, et les divers refus que l'on m'y opposa. J'indiquerai seulement que, sans raison explicable, je fus accueilli partout avec une évidente malveillance. Je me rappelle notamment un homme ventru, muni d'un pince-nez, qui non seulement refusa catégoriquement mon œuvre, mais qui jugea utile de me débiter une espèce de sermon moralisateur.

— Votre nouvelle semble remplie de je ne sais quelles allusions croustilleuses, dit-il en conclusion, et je vis qu'il me regardait avec un extrême dégoût.

Là, je dois me justifier. L'homme ventru était complètement dans l'erreur. Il n'y avait dans mon récit nulle allusion croustilleuse, mais je dois avouer maintenant – et maintenant, je puis le faire ! – que ce récit était ennuyeux, passablement absurde, et qu'il trahissait son auteur ; bref, que j'étais incapable d'écrire une nouvelle – je n'étais pas doué pour ce genre.

Néanmoins, il se produisit un nouveau miracle. Depuis trois semaines, je transportais ma nouvelle de la rue des Barbares à la rue de l'Élévation, du boulevard de la Passion au boulevard des Étangs-Clairs, lorsque, dans la rue de la Boucherie, je tombai sur l'impasse Saint-Jean-Chrysostome, et là sur un immeuble au cinquième étage duquel je trouvai un individu affligé d'une grosse verrue sur la joue, qui acheta mon texte.

Ayant touché l'argent, et colmaté ainsi une brèche inquiétante, je retournai au théâtre, sans lequel je ne pouvais déjà plus vivre, comme le morphinomane sans sa drogue.

Je dois avouer – avec le cœur lourd, mais il le faut – que tous mes efforts furent vains, et qu'ils eurent même, à ma consternation, des résultats entièrement contraires à ceux que j'espérais. Jour après jour, littéralement, je plaisais de moins en moins à Ivan Vassiliévitch.

Il serait naïf de croire que j'avais fondé tous mes calculs sur mes seules chaussures jaunes, où se reflétait le soleil printanier. Non ! Il y avait là toute une combinaison, habilement agencée, d'éléments divers – exposer par exemple ce que j'avais à dire d'une voix calme, profonde et pénétrante – et accompagner cette diction d'un regard ouvert, franc et honnête, avec un léger sourire aux lèvres – non pas un sourire obséquieux, pas du tout – un sourire naturel, sincère. En outre, j'étais coiffé à la perfection, et rasé de telle sorte que je pouvais passer le revers de ma main de bas en haut sur ma joue sans rencontrer la moindre aspérité. Les jugements que je prononçais étaient brefs, réfléchis, et ils témoignaient de ma connaissance de la question. Mais tout cela fut vain. Les premiers temps, Ivan Vassiliévitch souriait quand il me voyait, puis ses sourires se firent de plus en plus rares, – et finalement, ils disparurent tout à fait.

C'est alors que j'entrepris – le soir, chez moi – des répétitions pour mon propre compte. Je m'étais procuré un petit miroir, devant lequel je m'asseyais de façon qu'il reflétât tout mon visage, et je me mettais à parler :

— Voyez-vous, Ivan Vassiliévitch, toute la question est là : le poignard, à mon avis, ne convient pas ici…

Et tout allait le mieux du monde. Un léger sourire, discret et de bonne compagnie, effleurait mes lèvres, le regard que me renvoyait la glace exprimait la franchise et l'intelligence, mon front était serein, et la raie de ma coiffure courait comme un fil blanc dans ma chevelure noire. Il était impossible que cela ne donnât pas de résultat, et pourtant, tout allait de mal en pis. J'y perdais mes forces, je maigrissais. À la longue, je commençai à négliger quelque peu ma toilette : je me permis par exemple de mettre le même faux col deux fois de suite.

Une nuit, je résolus de procéder à une sérieuse vérification. Sans regarder la glace, je prononçai mon monologue, puis, à la dérobée, je glissai un coup d'œil vers le miroir : je fus épouvanté.

Le visage qui me contemplait avait le front creusé de rides, les dents découvertes par un affreux rictus, et des yeux dans lesquels on lisait non seulement l'inquiétude, mais des arrière-pensées ! Je me pris la tête à deux mains, certain maintenant que le miroir me trompait et se moquait de moi, – et je le lançai à terre. Il en sauta un éclat triangulaire. Mauvais présage, dit-on, quand un miroir se brise. Que dire alors du fou qui brise lui-même son miroir ?

— Pauvre crétin ! m'écriai-je, et – du fait que je grasseye – j'eus l'impression d'entendre, dans le silence de la nuit, croasser un corbeau.

Ainsi, je n'étais bon que lorsque je me regardais dans la glace, mais il m'a suffi de la laisser de côté pour que, le contrôle ayant disparu, mon visage soit au pouvoir de mes pensées et... ah ! que le diable m'emporte !

Je ne doute pas un instant que ces notes, si elles tombent entre les mains de quelqu'un, ne produisent sur le lecteur la plus fâcheuse impression. Il pensera – ce lecteur – qu'il a affaire à un homme rusé et hypocrite, qui, on ne sait trop dans quel but intéressé, a essayé de produire une impression favorable sur un certain Ivan Vassiliévitch.

Qu'on ne se hâte pas de juger ! Ce but intéressé, je vais dire tout de suite en quoi il consistait.

Ivan Vassiliévitch s'obstinait à vouloir supprimer de la pièce la scène où Bakhtine (Bekhtéiev) se faisait sauter la cervelle, où la lune brillait et où jouait l'accordéon. Et cependant je savais, je voyais parfaitement qu'alors, la pièce cesserait d'exister. Or, son existence était nécessaire, car – je le savais – elle portait en elle la vérité. Les traits de caractère attribués à

Ivan Vassiliévitch étaient trop évidents. Ils étaient même, je dois le dire, superflus. Je l'avais étudié et compris dès les premiers jours de nos relations, et je savais qu'il était impossible de lutter avec lui. Il ne me restait donc qu'une seule voie : essayer de me faire entendre de lui. Naturellement, il fallait d'abord pour cela que son interlocuteur fût sympathique. D'où mes essais devant le miroir. Je voulais sauver la scène des coups de feu, je voulais que les spectateurs entendent la plainte tragique de l'accordéon sur le pont, tandis que la tache de sang s'étalait sur la neige baignée de lune. Je voulais qu'ils voient la neige noire. Je ne voulais rien de plus.

Et de nouveau le corbeau croassa :

— Crétin ! Tu n'as pas compris le principal ! Comment veux-tu plaire à un homme qui lui-même ne te plaît pas ? Est-ce que tu te crois capable de donner le change à qui que ce soit ? Tu n'as que de l'antipathie à son égard, et tu essaies de lui inspirer de la sympathie pour toi ? Tu auras beau te contorsionner devant la glace, tu n'y arriveras jamais !

Et cela est vrai : Ivan Vassiliévitch me déplaisait. De même la bonne tante Nastassia Ivanovna ne me plut pas, et Ludmila Sylvestrovna me déplut excessivement. Or, ces choses-là se sentent !

La présence de l'attelage de Drykine devant le théâtre signifiait qu'Ivan Vassiliévitch venait aux répétitions de *La Neige noire*.

Chaque jour à midi, Pakine entrait dans la salle au petit trot, avec un sourire terrifié, tenant à la main une paire de caoutchoucs. Il était suivi d'Augusta Avdéievna, qui apportait un grand plaid écossais. Puis venait Ludmila Sylvestrovna, avec un gros cahier d'écolier et son petit mouchoir de dentelle.

Ivan Vassiliévitch s'installait derrière la table du metteur en scène, chaussait les caoutchoucs. Augusta Avdéievna lui posait le plaid sur les épaules, – et les répétitions commençaient.

Pendant ce temps, Ludmila Sylvestrovna, qui s'était glissée aussi près qu'elle le pouvait de la table, prenait des notes dans son cahier, en poussant de temps à autre de petits cris de ravissement.

Mais il est temps que je m'explique. La cause de mon hostilité – de cette aversion que j'essayais bêtement de dissimuler – ne résidait nullement dans le plaid, ou les caoutchoucs, ou même la présence de Ludmila Sylvestrovna, mais dans le fait qu'Ivan Vassiliévitch, qui s'occupait de mise en scène depuis cinquante-cinq ans, avait inventé une théorie sur la façon dont l'acteur devait préparer son rôle – théorie célèbre et, selon l'opinion commune, géniale.

Que cette théorie fût géniale, je n'en avais jamais douté, mais ce qui me plongeait dans le désespoir, c'était son application à la pratique.

Je parie ma tête que si j'avais amené aux répétitions n'importe quelle personne non prévenue, elle serait tombée dans la plus profonde stupéfaction.

Dans ma pièce, Patrickéiev jouait le rôle d'un petit fonctionnaire amoureux, mais que l'élue de son cœur ne payait pas de retour.

Le rôle était comique, et Patrickéiev le jouait de façon exceptionnellement drôle, et de mieux en mieux chaque jour. Il était si excellent que j'en vins à penser que ce n'était pas là Patrickéiev, mais bien le fonctionnaire sorti de mon imagination, comme si Patrickéiev avait existé sous cette forme avant mon personnage et que je l'eusse miraculeusement pressenti.

Le fiacre de Drykine venait d'arriver. Ivan Vassiliévitch s'était enveloppé de son plaid, Patrickéiev était en scène, et le travail commença.

— Eh bien, reprenons, dit Ivan Vassiliévitch.

Un silence religieux s'établit à l'orchestre, et Patrickéiev, à qui une actrice donnait la réplique, commença à jouer avec émotion – chez lui, l'émotion avait ceci de particulier qu'elle le faisait larmoyer – la scène de la déclaration d'amour.

— Bon, dit Ivan Vassiliévitch dont les yeux brillaient derrière les verres de ses lorgnons, ça ne va pas du tout.

Je poussai intérieurement une exclamation, et quelque chose se crispa du côté de mon estomac. Je ne voyais pas du tout quelle amélioration, même infime, on pouvait apporter au jeu parfait de Patrickéiev. « S'il y parvient, pensai-je en regardant Ivan Vassiliévitch avec un certain respect, je conviendrai qu'effectivement, il est génial. »

— Ça ne va pas du tout, répéta Ivan Vassiliévitch. Qu'est-ce que vous nous servez là ? De la comédie, et rien d'autre. Des poncifs. Voyons : quels sont les sentiments de votre personnage envers cette femme ?

— Il l'aime, Ivan Vassiliévitch ! Ha ! Comme il l'aime ! s'écria Thomas Strij, qui avait réglé toute cette scène.

— Bon, répondit Ivan Vassiliévitch. – Puis, s'adressant de nouveau à Patrickéiev : Avez-vous réfléchi à ce que c'est qu'un amour ardent ?

De la scène, Patrickéiev bredouilla une réponse indistincte, que je ne compris pas.

— Un amour ardent, reprit Ivan Vassiliévitch, s'exprime dans le fait que l'homme est prêt à faire n'importe quoi pour sa bien-aimée. – Et il ordonna : Qu'on apporte une bicyclette !

Cet ordre plongea Strij dans le ravissement, et il cria vivement :

— Hé ! Accessoiristes ! Une bicyclette !

Un accessoiriste amena sur le plateau une vieille bicyclette dont la peinture s'écaillait. Patrickéiev la contempla avec des yeux larmoyants.

— Celui qui aime fait tout pour celle qu'il aime, dit fortement Ivan Vassiliévitch. Il mange, il boit, il marche, il roule…

La respiration retenue par une intense curiosité, je jetai un coup d'œil vers le cahier couvert de toile cirée de Ludmila Sylvestrovna, et je vis qu'elle écrivait d'une écriture d'enfant : « Celui qui aime fait tout pour celle qu'il aime… »

— … donc, ayez l'obligeance de rouler à bicyclette pour votre bien-aimée, ordonna Ivan Vassiliévitch, et il mit dans sa bouche une pastille de menthe.

Mon regard était rivé à la scène. Patrickéiev enfourcha la machine, et l'actrice qui jouait le rôle de la bien-aimée s'assit dans un fauteuil, en pressant contre son sein un énorme sac à main verni. Patrickéiev appuya sur la pédale et, en s'efforçant de conserver un équilibre précaire, il se mit en devoir de tourner autour du fauteuil ; d'un œil, il surveillait le trou du souffleur, où il avait peur de tomber, et de l'autre, il regardait l'actrice. Dans la salle, on commença à sourire.

— Vous n'y êtes pas du tout, remarqua Ivan Vassiliévitch quand Patrickéiev s'arrêta. Pourquoi regardez-vous l'accessoiriste avec des yeux ronds ? C'est pour lui que vous roulez ?

Patrickéiev repartit, cette fois sans détacher les yeux de l'actrice, de sorte qu'il oublia de tourner et disparut dans la coulisse.

Quand on les eut ramenés sur la scène, lui et son vélo, Ivan Vassiliévitch déclara que ce deuxième tour n'était pas satisfaisant non plus, et Patrickéiev se mit en route une troisième fois, en tournant la tête vers l'actrice à chaque coup de pédale.

— Mauvais ! Exécrable ! s'écria Ivan Vassiliévitch d'un ton amer. Vos muscles sont crispés, vous ne croyez pas à ce que vous faites ! Détendez-vous, relâchez-vous ! Et puis votre tête n'est pas naturelle, on n'y croit pas.

Patrickéiev fit encore un tour, la tête penchée et le regard en dessous.

— Un tour inutile. Vous avez la tête vide, vous n'êtes pas rempli de l'image de votre bien-aimée.

Et Patrickéiev se remit en selle. Une fois, il fit son tour les deux mains sur les hanches, en regardant sa bien-aimée d'un air bravache. Puis, tournant son guidon d'une seule main, il vira brutalement et fonça sur l'actrice. Il passa si près d'elle que la roue poussiéreuse du vélo salit sa robe, tandis qu'elle poussait des cris d'effroi. Aux fauteuils d'orchestre, Ludmila Sylvestrovna cria aussi. Après s'être informé si l'actrice n'était pas blessée et si elle n'avait pas besoin des secours d'un médecin, à quoi l'on répondit qu'il n'était rien arrivé de grave, Ivan Vassiliévitch ordonna à Patrickéiev de reprendre son manège, et celui-ci dut faire un grand nombre de tours, jusqu'au moment où Ivan Vassiliévitch lui demanda s'il n'était pas fatigué.

Patrickéiev répondit qu'il n'était pas fatigué, mais Ivan Vassiliévitch répliqua qu'il voyait bien que Patrickéiev était fatigué, et Patrickéiev fut autorisé à se reposer.

À la scène de Patrickéiev succéda la scène des invités. J'étais sorti fumer une cigarette au buffet, et quand je rentrai, je vis que le sac à main de l'actrice était par terre. Elle-même était assise les deux mains sous son derrière, ainsi d'ailleurs que ses quatre invités – trois hommes et une femme – cette même Vechniakova dont parlait une des lettres de l'Inde. Tous essayaient de prononcer les phrases de leur rôle à cet endroit de la pièce, mais ils ne pouvaient y parvenir, car Ivan Vassiliévitch les interrompait dès qu'ils avaient commencé à parler, pour leur expliquer ce qui n'allait pas. Pour la bien-aimée de Patrickéiev – l'héroïne de la pièce – et pour ses invités, la difficulté était encore accrue du fait qu'à tout moment, ils voulaient retirer leurs mains de sous eux pour faire des gestes.

Voyant mon étonnement, Strij m'expliqua à voix basse qu'Ivan Vassiliévitch avait intentionnellement privé les acteurs de leurs mains, afin qu'ils s'habituent à tout exprimer dans leurs paroles, sans le secours des gestes.

Le soir, je rentrais chez moi rempli des multiples impressions que me laissaient toutes ces choses étranges et nouvelles pour moi, et je me disais :

« Bien sûr, tout cela est étonnant. Mais c'est uniquement parce que je suis un profane en la matière. Chaque art a ses lois, ses secrets et ses procédés. Pour un sauvage, par exemple, un homme qui se brosse les dents en se remplissant la bouche d'une espèce de plâtre paraît étrange et ridicule. Un non-initié trouve très bizarre que le médecin, au lieu d'entreprendre tout de suite l'opération nécessaire, se livre auprès du malade à une quantité d'actes incompréhensibles, comme prélever du sang pour l'analyse, etc. »

Ce jour-là, j'eus hâte d'assister à la répétition suivante, pour voir comment allait se terminer l'histoire du vélo, c'est-à-dire pour voir si Patrickéiev réussirait enfin à rouler « pour elle ».

Mais le lendemain, personne ne souffla mot de la bicyclette, et je vis d'autres choses, non moins étonnantes. Patrickéiev – toujours lui – devait offrir un bouquet à sa bien-aimée. On commença à travailler là-dessus à midi, et cela dura jusqu'à quatre heures.

Patrickéiev ne fut pas le seul à offrir le bouquet : tous y passèrent, chacun à son tour – y compris Elaguine, qui jouait le rôle du général, et même Adalbert qui, dans la pièce, était chef d'une bande de brigands. J'en fus extrêmement surpris. Mais Thomas, pour me rassurer, m'expliqua que comme toujours, Ivan Vassiliévitch agissait avec une extraordinaire sagesse, en enseignant un jeu de scène à une masse de gens à la fois. Et le fait est qu'Ivan Vassiliévitch accompagna sa leçon de récits extrêmement intéressants et instructifs sur l'art et la manière d'offrir un bouquet à une dame, en racontant comment s'y prenait tel ou tel personnage célèbre. J'appris ainsi que dans ce domaine, les meilleurs étaient encore Komarovski-Bioncourt – à ce nom, Ludmila Sylvestrovna, troublant l'ordre de la répétition, s'exclama : « Oh oui, oui, Ivan Vassiliévitch, c'est inoubliable ! » – et un baryton italien qu'Ivan Vassiliévitch avait connu à Milan en 1889.

Pour moi qui ne connaissais pas ce baryton, personne ne savait mieux offrir un bouquet qu'Ivan Vassiliévitch lui-même. Se prenant au jeu, il était monté sur la scène, et il nous montra treize fois comment il fallait présenter cet agréable cadeau. Je commençais à être convaincu qu'Ivan Vassiliévitch était un acteur étonnant, et effectivement génial.

Le lendemain, j'arrivai en retard à la répétition. Lorsque j'entrai, je vis sur la scène une rangée de chaises sur lesquelles avaient pris place Olga Serguéievna – celle qui jouait le rôle de mon héroïne – Vechniakova – l'invitée – Elaguine, Vladytchinski et Adalbert, ainsi que plusieurs acteurs inconnus de moi. Tous, au commandement d'Ivan Vassiliévitch : « Un, deux, trois », tiraient de leur poche un portefeuille invisible – un – comptaient d'invisibles billets de banque – deux – et remettaient le portefeuille dans leur poche – trois.

Quand cet exercice fut terminé – il avait eu pour origine le fait que dans ce tableau, Patrickéiev devait compter son argent – un autre commença. Toute une foule fut rassemblée par André Andréiévitch sur la scène, et installée sur des chaises. Là, chacun devait, avec une plume invisible, sur du papier et une table imaginaires, écrire une lettre et la cacheter (toujours un jeu de scène de Patrickéiev !). La difficulté venait de ce qu'il s'agissait d'une lettre d'amour.

Cet exercice fut marqué par un incident grotesque : un accessoiriste fut pris par inadvertance parmi les épistoliers.

Ivan Vassiliévitch, qui poussait à participer à l'exercice tous ceux qui entraient sur la scène, et qui connaissait mal les physionomies des acteurs engagés temporairement pour la saison, obligea un jeune accessoiriste aux cheveux ébouriffés qui, par désœuvrement, était venu traîner au bord du plateau, à écrire comme tout le monde la lettre imaginaire :

— Eh bien, là-bas ? s'était écrié Ivan Vassiliévitch en le voyant, il vous faut une invitation personnelle, pour vous mettre avec les autres ?

L'accessoiriste s'assit donc sur une chaise et se mit, comme les autres, à écrire en l'air et à mouiller ses doigts. À mon sens, il ne s'y prenait pas plus mal que ses voisins, mais il souriait d'un air extrêmement confus, et il était tout rouge.

Cela lui valut un violent rappel à l'ordre d'Ivan Vassiliévitch :

— Mais qu'est-ce que c'est que ce loustic, là-bas ? Comment s'appelle-t-il ? Il veut jouer dans un cirque ? En voilà, un guignol !

— C'est un accessoiriste, Ivan Vassiliévitch ! Un accessoiriste ! gémit Thomas Strij.

Ivan Vassiliévitch se tut, et l'accessoiriste fut discrètement évacué.

Et les jours passaient, remplis de travaux incessants. J'en vis de toutes sortes et de toutes couleurs. Je vis par exemple une troupe d'acteurs et d'actrices réunie sur la scène traverser à maintes reprises le plateau en courant et en poussant des cris, pour aller se presser contre une fenêtre invisible. Cet exercice était dirigé par Ludmila Sylvestrovna, qui du reste, n'avait rien à faire dans la pièce.

En fait, dans le même tableau où il y avait les scènes du bouquet et de la lettre, mon héroïne devait courir à une fenêtre pour regarder les lueurs d'un lointain incendie.

Ce fut le prétexte d'un vaste exercice, qui prit bientôt des proportions démesurées, ce qui, je l'avoue, me plongea dans une humeur noire.

Ivan Vassiliévitch qui, dans sa théorie, avait découvert entre autres choses qu'aux répétitions, le texte ne servait à rien et que l'important, c'était de composer des personnages en improvisant n'importe quel texte à mesure, donna l'ordre à tout le monde de vivre la scène de l'incendie.

En conséquence, chacun de ceux qui couraient à la fenêtre criait ce qu'il jugeait bon de crier.

— Mon Dieu ! Ah, mon Dieu ! s'exclamait-on le plus souvent.

— Qu'est-ce qu'il y a ? Qu'est-ce qui brûle ? s'écria Adalbert.

Puis des voix d'hommes et de femmes se mêlèrent :

— Au secours ! De l'eau ! C'est Elisséiev qui brûle ! (Le diable sait ce que c'est !) Au secours ! Sauvez les enfants ! C'est une explosion ! Appelez les pompiers ! Nous sommes morts !

Tout ce vacarme était dominé par la voix perçante de Ludmila Sylvestrovna, qui, elle, vociférait de parfaites absurdités :

— Ô mon Dieu ! Ô Dieu tout-puissant ! Que vont devenir mes coffrets ? Mes diamants ! Mes bijoux !

Sombre comme un ciel d'orage, je regardais les gesticulations de Ludmila Sylvestrovna, en pensant que l'héroïne de ma pièce disait simplement : « Venez voir… un incendie… » – et qu'elle le disait parfaitement bien, et que, par conséquent, je n'avais aucune raison d'attendre que Ludmila Sylvestrovna, qui ne jouait pas dans la pièce, eût appris à vivre cet incendie. Ses cris sauvages à propos de je ne sais quels coffrets qui n'avaient rien à voir avec la pièce m'irritèrent à tel point que des tics nerveux commencèrent à tirailler ma figure.

À la fin de la troisième semaine des leçons d'Ivan Vassiliévitch, le désespoir s'empara de moi. Et cela, pour trois raisons. Premièrement, je me livrai à certains calculs qui m'épouvantèrent. Cela faisait trois semaines que nous répétions, et nous en étions toujours au même tableau. Or, la pièce en comptait sept. Par conséquent, en comptant seulement trois semaines par tableau…

— Seigneur ! murmurai-je en me retournant sur mon divan sans pouvoir trouver le sommeil. Trois fois sept… vingt et une semaines, soit cinq… oui, cinq… et même six mois ! Alors, quand ma pièce va-t-elle sortir ? Dans une semaine commence la morte-saison, et il n'y aura plus de répétitions jusqu'en septembre ! Mes aïeux ! Septembre, octobre, novembre…

L'aube approchait rapidement. Ma fenêtre était ouverte, mais aucune fraîcheur n'entrait dans ma chambre. J'allais maintenant aux répétitions avec la migraine, le visage émacié et jaune.

La seconde cause de mon désespoir était encore plus grave. À ce cahier, je puis confier un secret : je doutais maintenant de la valeur de la théorie d'Ivan Vassiliévitch. Oui ! C'est affreux à dire, mais c'est comme ça.

De funestes soupçons s'étaient déjà insinués dans mon esprit vers la fin de la première semaine. À la fin de la deuxième, je savais déjà que cette théorie était inapplicable à ma pièce. C'était visible. Patrickéiev n'améliora pas sa façon d'offrir le bouquet, d'écrire la lettre ou de déclarer son amour. Bien au contraire ! Il le faisait maintenant d'un air froid et contraint, qui n'avait plus rien de drôle. Et là-dessus – nouveau coup – il dut s'absenter : il avait attrapé un rhume !

Lorsque, d'un air profondément chagriné, j'en informai Bombardov, il se mit à rire et me dit :

— Bah ! son rhume passera vite. Il se sent déjà beaucoup mieux et, hier et aujourd'hui, il jouait au billard au club. Dès que vous aurez fini de répéter ce tableau, son rhume sera guéri. Et puis attendez : il y en aura d'autres, des rhumes. Le premier qui en aura un, je pense, sera Elaguine.

— Ah, au diable ! m'écriai-je, commençant à comprendre.

La prédiction de Bombardov s'accomplit presque aussitôt. Le lendemain, Elaguine ne parut pas à la répétition, et André Andréiévitch nota au procès-verbal : « Autorisé à s'absenter. Rhume. » Puis le même malheur frappa Adalbert. Même note au procès-verbal. Après Adalbert – Vechniakova. Et je grinçai des dents en ajoutant à mes calculs un mois pour les rhumes. Mais je ne condamnais ni Adalbert ni Patrickéiev. En effet, pourquoi un chef de bandits aurait-il perdu son temps à pousser des cris à propos d'un incendie inexistant, d'autant plus que cet incendie survenait au quatrième tableau, alors que son rôle ne le faisait paraître avec ses bandits qu'au troisième et au cinquième ?

Et pendant que Patrickéiev, en buvant de la bière, jouait au billard américain, Adalbert répétait *Les Brigands* de Schiller au club de Krasnaïa Presnia, où il dirigeait un cercle de théâtre d'amateurs.

Oui, cette théorie était évidemment inapplicable à ma pièce, et peut-être même lui était-elle nuisible. Au quatrième tableau, une dispute entre deux personnages amenait une provocation en duel :

« Nous nous expliquerons sur le terrain ! »

Et plus d'une fois, la nuit, je fus prêt à me couper les mains pour avoir écrit cette phrase trois fois maudite.

Elle venait à peine d'être prononcée qu'une vive animation s'empara d'Ivan Vassiliévitch. Il ordonna d'apporter des rapières. J'étais devenu blême. Et longtemps, je regardai Vladytchinski et Blagosvietlov croiser le fer sur le plateau, tout en tremblant à la pensée que Vladytchinski allait crever l'œil de Blagosvietlov.

Pendant ce temps, Ivan Vassiliévitch racontait la manière dont Komarovski-Bioncourt se battait à l'épée avec le fils du gouverneur de Moscou.

Mais je me moquais de ce maudit fils de gouverneur. Ce qui était terrible, c'est qu'Ivan Vassiliévitch se mit à me proposer, avec une insistance croissante, d'inclure dans ma pièce une scène de duel à l'épée.

J'accueillis d'abord cette proposition comme une sinistre plaisanterie. Mais quels ne furent pas mes sentiments lorsque Strij, avec sa perfidie coutumière, déclara qu'il fallait que d'ici une semaine, la scène du duel soit écrite, « au moins dans ses grandes lignes ». Je m'y opposai de toute ma force, mais Strij resta fermement sur sa position. Et lorsqu'il écrivit dans le livre de conduite : « Ici, mettre un duel », je fus pris d'une rage froide et irrévocable.

Et mes rapports avec Strij en furent complètement détériorés.

Peiné et révolté, je passais mes nuits à me tourner et me retourner sur mon divan. J'étais durement, profondément outragé.

— Personne n'aurait jamais forcé Ostrovsky à écrire des scènes de duel, maugréais-je avec amertume. Et en sa présence, on n'aurait pas laissé une Ludmila Sylvestrovna beugler à propos de coffrets !

Et un sentiment d'envie mesquine à l'égard d'Ostrovsky me tourmentait. Mais tout cela, pour ainsi dire, ne concernait qu'un cas particulier – en l'occurrence, ma pièce. Il y avait autre chose de plus important. Pris d'une passion inextinguible pour le Théâtre Indépendant, enchaîné désormais à lui comme un chien à sa niche, j'allais chaque soir au spectacle…

bibliothèque pavillons

Titres parus

Margaret Atwood
La Servante écarlate

Mikhaïl Boulgakov
Le Roman théâtral

E. L. Doctorow
Ragtime

Pa Kin
Le Jardin du repos

Titres à paraître

Peter Ackroyd
Un puritain au paradis

Nicholson Baker
À servir chambré

Evelyn Waugh
Retour à Brideshead

Richard Yates
La Fenêtre panoramique

Cet ouvrage a été imprimé par

FIRMIN DIDOT

GROUPE CPI

Mesnil-sur-l'Estrée

pour le compte des Éditions Robert Laffont
24, avenue Marceau, 75008 Paris
en décembre 2004

Composé par Nord Compo
à Villeneuve-d'Ascq

Imprimé en France.
Dépôt légal : janvier 2005
N° d'édition : 45441/01 - N° d'impression : 71355